不正競爭防止法 原論

丁 相 朝 著

세창출판사

머 리 말

우리나라는 정치적으로는 무력이 지배하는 독재적 권위정치로부터 法이 지배하는 民主的 질서로 발전했고, 경제적으로는 정부주도형 경제 또는 권력의존형 경제로부터 소비자의 선택과 기술의 발전이 주도하는 市場經濟로 발전해가고 있다. 경제학에 관한 전문지식을 갖추지 않더라도, 주식시장의 공개된 정보를 보면 그러한 변화를 눈으로 확인해볼 수 있다. 예컨대, 불과 8년 전에 설립된 NHN은 우수한 기술과 소비자들의 자발적인 선택에 힘입어서 2007년 10월 2일 현재 시가총액 11조원이 넘는 대기업으로 성장해서 지난 수십년간 정부의 다양한 지원과 혜택을 받으면서 성장해온 대부분의 상장 대기업(예컨대, 대한항공의 현재 시가총액은 4조 7천억원 정도임)보다도 더 큰 기업이 되었다. 시장의 힘이 정부의 힘보다 훨씬 더 위대하다는 것을 잘 보여주는 대목이다.

시장이 제대로 작동해서 그 힘을 발휘하려면, 技術의 개발이 왕성하게 이루어지고 消費者들이 정확한 정보를 토대로 합리적인 선택을 할 수 있어야 하며 시장 내의 사업자들이 공정한 경쟁을 할 수 있어야 할 것이다. 기술개발을 위한 왕성한 투자와 소비자들의 합리적인 선택이야말로 시장경제의 생산과 소비가 효율적으로 이루어지기 위한 필수적 전제조건이다. 기술개발과 소비자의 선택은 Adam Smith가 말한 "인간의 이기심" 또는 "시장의 보이지 않는 손"에 의해서 합리적으로 이루어질 것이라는 것이 희망사항이지만, 그와 같이 희망적이고 이상적인 시장경제는 시장내 자유롭고 공정한 경쟁이 실현될 때에만 가능한 것이다. 그러나, 현실적으로 우리 앞에 펼쳐져 있는 시장을 보면, 소비자들이 불완전하거나 왜곡된 정보를 토대로 불합리한 선택을 하는 경우가 많고, 단기적인 이윤추구의 이기심으로 인해서 기술개발보다는 손쉬운 모방을 선택하게 되며, 영업방법의 공정성이나 상도덕보다는 최대한의 영업상의 자유만이 강조되기 쉽다.

요컨대, 넓은 의미에서 자유롭고 공정한 경쟁질서를 회복 내지 유지해야 市場經濟의 장점이 살아난다. 소비자의 선택과 기술의 발전이 합리적이고 효율적으로 이루어지는 것도 넓은 의미에서 자유롭고 공정한 競爭秩序가 유지되어야 가능한 것이다. 과거의 권위주의적인 정부주도형 경제하에서는 정부가 임의로 경제질서를 설계하고 운영해 왔지만, 법이 지배하는 민주적이고 시장지배적인 경제하에서는 공정한 경쟁질서를 회복하고 유지하기 위한 법질서가 확립되어야 한다.

자유롭고 경쟁적인 시장질서의 역사가 일천한 우리나라는 정부의 자의적인 개입 대신에 우선 公正去來委員會에 의한 규제를 통해서 정부가 이상적인 모습이라고 생각하는 경쟁질서를 만들어 왔다. 그러나, 경제규모가 커지고 기술의 발전 및 시장의 변화가 빠른 속도로 진행되고 있는 오늘날 과연 공정거래위원회에 의한 규제가 효율적인 것인지 그리고 경쟁적인 시장질서를 유지하는 데 적절한 법규범 자체가 존재하는지 의문시되는 경우가 많다. 공정거래법에 있어서 공정거래위원회에 의한 시정조치 이외에 피해자에 의한 私的 구제수단을 확대해야 한다는 지적은 이미 많이 제기되어 왔다. 또한, 다양한 형태의 불공정한 경쟁행위 또는 부정경쟁행위에 대해서 합리적이고 효율적인 구제수단을 부여할 수 있는 보완적 입법도 병행되어야 할 것이다.

이 책은 공정거래법과 부정경쟁방지법상의 한계를 지적하고, 새롭게 등장하는 다양한 형태의 부정경쟁행위에 효율적으로 대응하기 위한 해석론 및 입법론을 제시하고 있다. 기술의 발전이 새로운 시장을 열거나 기존의 시장에 커다란 변화를 초래하고 있는 오늘의 현실을 감안해보면, 정부의 개입을 최소화하면서 소비자 후생을 극대화할 수 있는 실체법과 절차법을 모색할 필요가 절실하다. 이와 같은 법률적, 경제적 수요에 이 책이 조금이나마 기여할 수 있길 기대하고, 향후 관련 논의와 연구를 촉진할 수 있는 계기가 되길 희망한다. 이 책의 교정에 수고를 해준 이화 조교와 이명희 조교 그리고 출판에 도움을 주신 이방원 사장님과 임길남 상무님께 감사드린다.

2007년 여름

丁 相 朝

서울대 법대 교수

서울대 技術과法센터장

차 례

I 不正競爭防止法의 意味

II 不正競爭行爲

III 商標의 保護

IV 商標法과 不正競爭防止法의 통합

V 營業秘密의 보호

VI 퍼블리시티권의 保護

VII 不正競爭行爲의 規制

Ⅷ 不正競爭防止法의 改正方向

I 不正競爭防止法의 意味

1. 競爭法으로서의 不正競爭防止法

대한민국의 경제질서는 개인과 기업의 경제상의 자유와 창의를 존중함을 기본으로 한다.[1)] 우리나라의 헌법이 보장하고 있는 "경제상의 자유"라고 함은 한편으로는 국가의 규제와 간섭으로부터 자유로운 상태에서 개인과 기업이 창의를 바탕으로 경제활동을 할 수 있다는 것이고, 다른 한편으로는 타인의 재산권이나 기타의 권리를 침해하지 않는 한 자유로운 경쟁 또는 경쟁의 자유(freedom to compete)를 누릴 수 있다는 것을 의미한다. 이와 같이 국가의 규제와 간섭으로부터 자유로운 상태에서 개인과 기업이 창의를 바탕으로 자유로운 경쟁을 할 수 있는 경제질서를 "自由市場經濟(free market economy)"라고 하고, 자유시장경제의 헌법규범은 경제상의 자유 또는 경쟁의 자유가 사회적으로나 경제적으로 바람직한 결과를 가져다 줄 수 있다고 하는 가치판단을 토대로 한 것이다. 특히 정부규제나 특정기업의 독점하에서보다는 자유로운 경쟁이 보장될 때, 더욱 품질의 향상과 효율성의 증가를 기대할 수 있고 가격은 더 낮게 유지될 수 있다고 하는 점에 대해서 사회적 합의가 이루어져 있다는 것을 의미한다.

1) 헌법 제119조 제1항.

경쟁의 자유가 보장된 자유시장경제에서는, 특정 기업이 경쟁상의 패배로 인해서 영업상 손실을 입었다고 해서 당연히 경쟁업자에게 그 손해를 배상해달라고 청구할 수는 없다. 그러나 경쟁의 자유는 모든 행위가 언제나 자유롭다는 것이 아니고, 진정으로 자유로운 경쟁을 해하는 행위를 효율적으로 규제해야만 확보될 수 있는 자유이다. 따라서, 우리나라를 비롯한 대부분의 국가들은 완전한 자유방임(complete laissez faire)이 아니라 규제된 자유 또는 진정으로 자유로운 경쟁을 확보하는 데 필요한 규제가 수반된 경쟁(regulated competition)을 가장 바람직한 목표로 삼고 있다.[2] 이러한 의미의 자유롭고 공정한 경쟁을 확보하기 위해서, 한편으로는 獨占規制法[3]에 의해서 경쟁질서의 왜곡을 금지하고 독과점의 폐해를 방지할 필요가 있다. 그러나 다른 한편으로는, 관련 시장 전체를 보면 독과점의 폐해나 경쟁질서의 왜곡이 없더라도 특정 사업자가 관습이나 상도덕에 반하는 방식으로 영업을 수행함으로써 그와 경쟁관계에 있는 사업자가 부당하게 손해를 입었다고 판단되는 경우에, 그러한 부정경쟁행위를 방지함으로써 비로소 공정한 경쟁이 충실하고 효율적으로 확보될 수 있다. 후자의 경우와 같이 부정경쟁행위를 금지하고 그에 대해서 구제수단을 부여해 주는 법이 넓은 의미의 不正競爭防止法이다.

관습이나 상도덕에 반하는 행위를 하는 것이 언제나 법적으로 금지되어야 하는 것은 아니지만, 그러한 행위가 경쟁업자에게 부당한 손해를 가하는 위법한 행위라고 판단되는 경우에는 민법상 불법행위를 구성한다고 볼 수 있고, 그러한 부정경쟁행위에 대한 구제가 주어질 수 있다. 다만 민법에는 불법행위가 성립하는 데

---

2) J. Thomas McCarthy, McCarthy on Trademarks and Unfair Competition(Clark, Boardman, Callaghan, Third Edition), §1.02.

3) 독점규제 및 공정거래에 관한 법률.

필요한 위법성의 판단기준이 구체적으로 제시되어 있지 않고, 불법행위에 대한 구제수단도 손해배상을 중심으로 규정하고 있을 뿐이므로 우리나라의 「不正競爭防止 및 營業秘密保護에 관한 法律」(이하 "不正競爭防止法"으로 약칭함)은 위법하다고 판단되는 행위의 類型을 열거해서 규정하고, 그 구제수단에 있어서도 損害賠償請求權 이외에 禁止請求權과 信用回復請求權에 관한 규정도 두고 있다. 부정경쟁방지법은 출처의 혼동과 희석화 그리고 도메인이름의 선점과 원산지 및 품질의 오인야기 그리고 영업비밀의 침해와 같이 한정된 유형의 행위만을 열거해서 규정하고 있을 뿐이고,[4] 그 이외의 불공정한 방법의 경쟁행위에 대해서는 아무런 규정을 두고 있지 않다.

2. 넓은 意味의 不正競爭防止法

부정경쟁행위는 역동하는 자유시장경제에서 진정으로 자유롭고 공정한 경쟁을 확보하는데 필요한 최소한의 규제를 위해서 필요한 개념이기 때문에, 부정경쟁행위의 구체적인 개념은 시간과 장소에 따라서 변화되어온 개념이다. 자유시장경제에 종사하는 개인과 기업은 고도로 창의적인 경제활동을 영위해 나가고 있고, 그 가운데 이루어지는 부정경쟁행위도 고도로 창의적인 노력의 소산이기 때문에, 성문법에서 획일적으로 부정경쟁행위의 유형을 열거하거나 고착된 개념정의를 해두는 것은 효율적인 규제를 원천적으로 불가능하게 만든다. 따라서, 출처의 혼동과 영업비밀의 침해 등의 열거된 부정경쟁행위뿐만 아니라 관습이나 상도덕에 반하는 경쟁행위로서 위법성이 있다고 판단되는 행위에 대해서, 일반적으로

4) 不正競爭防止法 제 2 조.

출처혼동이나 영업비밀침해와 마찬가지로 손해배상청구와 금지청구 등의 구제수단을 부여하는 해석론이나, 그러한 취지의 일반조항을 삽입하는 입법론을 검토해 볼 필요가 있다. 예컨대, 타인의 상당한 투자 또는 혁신적인 노력 또는 그 결과 형성된 명성이나 신뢰를 허락 없이 이용하거나 그에 편승함으로써 그러한 투자나 노력 없이 이득을 취하는 행위가 위법하다고 판단되는 경우에는, 그러한 위법행위에 대해서 기존의 출처혼동이나 영업비밀침해와 마찬가지로 취급하지 아니할 이유가 없기 때문이다. 물론, 특허권이나 상표권 등의 권리를 침해하는 행위가 아닌데도 불구하고 어떠한 경우에 행위의 위법성을 인정할 것인가의 어려운 문제가 있지만, 시장경제의 발전과 비례해서 시장에서의 바람직하다고 판단되는 관습이나 도덕규범이 형성되고 있고, 그에 위반되는 행위에 의해서 타인 또는 다른 경쟁업자에게 손해를 가하는 행위가 위법하다고 판단될 수 있는 경우가 있다.[5] 현행 부정경쟁방지법에 열거되어 있는 행위의 유형에는 해당되지 않지만 관습이나 상도덕에 반하는 경쟁행위로서 다른 경쟁자에게 손해를 가하는 행위에 위법성이 있다고 판단되면, 그러한 경쟁행위는 불법행위에 해당되고 상인이 영리를 목적으로 하는 불법행위라는 점에서 商事不法行爲(business tort)에 해당될 것이다. 또한 이와 같은 상사불법행위는 불공정한 방식의 경쟁행위라는 점에서 넓은 의미의 부정경쟁행위라고 볼 수 있다. 「산업재산권의 보호에 관한 파리조약」이 출처의 혼동을 초래하는 행위나 상품의 품질이나 성질 등에 관한 오인을 야기하는 표시뿐만 아니라 "산업 또는 상업적인 관습에 반하는 경쟁행위"를 일반적으로 부정경쟁행위에 포함시켜서 규정하고 있는

5) Developments in the Law: Competitive Torts, 77 Harv. L. Rev. 888(1964); American Bar Association, Business Tort Litigation Committee, Model Jury Instructions for Business Tort Litigation (Amercian Bar Association, 1980).

것은 참고할 가치가 있다.[6] 그렇다면, 현행 부정경쟁방지법에 열거된 부정경쟁행위 뿐만 아니라 넓은 의미의 부정경쟁행위의 유형을 확인하고 그에 대한 구제수단을 부여하는 법은 "넓은 의미의 不正競爭防止法"이라고 부를 수 있을 것이다. 넓은 의미의 부정경쟁방지법이 다루어야 할 행위의 유형, 다시 말해서 넓은 의미의 부정경쟁행위에는 무엇이 있는가? 이하에서는 간략히 좁은 의미의 부정경쟁행위와 넓은 의미의 부정경쟁행위를 나누어서 살펴보도록 한다.

---

6) Article 10bis of Paris Convention for the Protection of Industrial Property.

Ⅱ 不正競爭行爲

1. 좁은 意味의 不正競爭行爲

현행 부정경쟁방지법은 여러 가지 유형의 부정경쟁행위를 열거해서 규정하는 방식을 취하고 있다. 즉 부정경쟁방지법 제2조 1호에서는, (1) 국내에 널리 인식된 타인의 상품 표지와 동일·유사한 것을 사용하거나 이를 사용한 상품으로 타인의 상품과 혼동을 하게 하는 행위(가목), (2) 국내에 널리 인식된 타인의 영업 표지와 동일·유사한 것을 사용하여 타인의 영업과 혼동을 하게 하는 행위(나목), (3) 위와 같은 타인의 상품 표지·영업 표지와 동일·유사한 것을 사용하거나 이를 사용한 상품으로 타인의 표지의 식별력이나 명성을 손상하게 하는 행위(다목), (4) 상품이나 광고 등의 방법으로 허위의 원산지 표지를 하거나 그 상품으로 원산지의 오인을 일으키게 하는 행위(라목), (5) 상품 표지나 이를 사용한 상품으로 상품의 생산지, 제조지, 가공지에 관하여 오인을 일으키게 하는 행위(마목), (6) 상품 표지나 광고 등을 통하여 상품의 품질 등에 오인을 일으키게 하는 행위(바목), (7) 파리협약상 상표권자의 대리인이거나 대리인이었던 자가 정당한 사유 없이 그 상표와 동일·유사한 상표를 사용하는 등의 행위(사목)를 "부정경쟁행위"로 정의하고 있다.

구체적으로 열거된 유형의 행위는 금지된다는 점에서 친절한 입법방식이지만, 다른 한편 발전하는 기술과 변화하는 시장에서 나타나는 다양한 유형의 불공정한 거래 또는 경쟁업자의 투자나 명성에 무임편승하는 다양한 행위에 적절히 대응할 수 없다는 점에 커다란 한계를 보여주고 있다. 그러한 한계를 극복하는 방법은 계속 반복적으로 나타나는 유형의 불공정경쟁행위를 그것이 등장할 때마다 부정경쟁방지법의 개정을 통해서 부정경쟁행위의 하나로 추가하거나 보완하는 방법이 있고, 다른 방법으로는 기술과 시장의 변화에 신속하고 적절히 대응하기 위한 일반조항을 두어서 법원으로 하여금 다양한 유형의 부정경쟁행위에 법률을 적용할 수 있도록 해주는 방법이 있을 수 있다.

현행 부정경쟁방지법에 열거된 유형의 부정경쟁행위에는 상품이나 영업주체를 혼동시키는 행위와 희석화 그리고 도메인이름의 선점 및 원산지나 품질 등을 오인케 하는 행위가 있다. 상품이나 영업주체를 혼동시키는 행위는 상표등록 여부 및 주지성의 요건 등에 있어서 다소의 차이는 있지만 상표법상 상표권의 침해와 아주 유사한 행위유형에 해당되는 것으로서, 기본적으로 출처혼동의 방지를 통한 소비자의 보호와 출처표시에 화체된 표지보유자의 재산적 이익의 보호에 있어서 부정경쟁방지법과 상표법은 그 법목적을 같이한다. 이러한 맥락에서 상품이나 영업주체를 혼동시키는 행위에 대해서는 이미 등록상표에 대한 상표권의 침해와 함께 설명을 한 바 있고, 장기적으로는 상표법에 흡수되어 규정되어야 그 모순이나 충돌을 피할 수 있을 것이다.

현행 부정경쟁방지법에 열거된 유형의 부정경쟁행위 가운데, 희석화와 도메인이름 선점 그리고 원산지나 품질 등을 오인케 하는 행위는 주지의 출처표시를 무단으로 사용하는 것은 아니지만, 소비자를 기망하거나 경쟁업자의 투자나 명성에 무임편승하는 불공정한 방식의 경쟁행위에 해당된다.

부정경쟁방지법에 열거된 유형의 부정경쟁행위의 또 다른 유형으로 영업비밀의 침해를 들 수 있다. 영업비밀의 침해는 영업비밀 보유자의 투자에 무임편승하는 불공정한 방식의 경쟁행위에 해당되고 넓은 의미의 부정경쟁행위에 해당되기 때문에, 출처표시의 무단이용과 함께 부정경쟁방지법에 나란히 규정되어 있고(부정경쟁방지법 제2조 2호·3호), 거의 동일한 구제수단이 부여되어 있다. 즉 우리 부정경쟁방지법 제2조 3호에서는 (1) 절취·기망·협박 기타 부정한 수단으로 영업비밀을 취득하는 행위(부정취득행위) 또는 그 취득한 영업비밀을 사용하거나 공개하는 행위(가목), (2) 영업비밀에 대하여 부정취득행위가 개입된 사실을 알거나 중대한 과실로 알지 못하고 영업비밀을 취득하거나 그 취득한 영업비밀을 사용하거나 공개하는 행위(나목), (3) 취득 이후 그 영업비밀에 대하여 부정취득행위가 개입된 사실을 알거나 중대한 과실로 알지 못하고 이를 사용하거나 공개하는 행위(다목), (4) 계약관계 등에 의하여 영업비밀을 비밀로서 유지하여야 할 의무가 있는 자가 부정한 이익을 얻거나 그 영업비밀의 보유자에게 손해를 가할 목적으로 이를 사용하거나 공개하는 행위(라목), (5) 영업비밀이 라목의 규정에 의하여 공개된 사실 또는 그러한 공개행위가 개입된 사실을 알거나 중대한 과실로 알지 못하고 이를 취득하거나 그 취득한 영업비밀을 사용하거나 공개하는 행위(마목), (6) 영업비밀을 취득한 후에 그것이 라목의 규정에 의하여 공개된 사실 또는 그러한 공개행위가 개입된 사실을 알거나 중대한 과실로 알지 못하고 그 영업비밀을 사용하거나 공개하는 행위(바목)를 "營業秘密 侵害行爲"로 규정하면서, 앞서 본 부정경쟁방지법 제2조 1호의 "不正競爭行爲"에 대한 구제수단들(부정경쟁방지법 제4조, 제5조, 제6조)과 마찬가지로 침해금지청구권(제10조), 손해배상청구권(제11조), 신용회복청구권(제12조)을 부여해 주고 있다.

2. 넓은 意味의 不正競爭行爲

소비자를 기망하거나 경쟁업자의 투자나 명성에 무임편승하는 등의 불공정한 방식의 경쟁행위는 상품이나 영업주체 혼동행위 또는 원산지나 품질오인야기행위에 한정되지는 않는다. 예컨대, 허위의 사실을 유포해서 경쟁업자의 신용을 떨어뜨리거나 경쟁업자의 투자에 의해서 개발된 지적재산을 무단으로 사용하는 행위도 소비자를 기망하거나 경쟁업자의 투자나 명성에 무임편승함으로써 경쟁업자에게 손해를 가한다는 점에서는 부정경쟁방지법상의 부정경쟁행위와 다를 바 없다. 이와 같이 현행 부정경쟁방지법에 열거되어 있는 부정경쟁행위에는 해당되지 않지만 소비자를 기망하거나 경쟁업자의 투자나 명성에 무임편승하는 부정경쟁행위는 넓은 의미의 부정경쟁행위로 볼 수 있기 때문에, 현행 부정경쟁방지법에 열거되어 있는 부정경쟁행위(즉 좁은 의미의 부정경쟁행위)에 유사한 구제를 해줄 필요가 있고, 불법행위나 부당이득의 요건을 충족하고 있다면 그에 따른 구제를 검토해 볼 필요가 있다.

타인의 저작권이나 상표권을 침해하는 행위도 타인의 투자에 무임편승한다는 점에서 넓은 의미의 부정경쟁행위에 해당되지만, 별도의 법률에 의한 규율이 있기 때문에 부정경쟁방지법에서 중복적으로 취급할 이유는 없다. 지적재산의 보호를 위한 기술적 조치(technical measures)를 우회하거나 무력화하는 기술이나 장치를 제공하는 행위는 그 자체로 저작권 등의 권리침해는 아니지만, 소비자들의 지적재산권침해를 도와주거나 조장하는 것으로서 넓은 의미의 부정경쟁행위에 해당된다고 볼 수 있다. 우리 저작권법은 기술적 조치의 우회 또는 무력화기술의 제공을 저작권침해로 간주하는 규정을 두고 있어서 부정경쟁행위에 해당된다고 보아야 할 실익이 없지만, 日本의 不正競爭防止法은 기술적 제한수단을 우회하는 장치를 제공하는 행위를 부정경쟁행위의 하나로 열거해서 규정하고 있다.

요컨대, 성문법상의 권리를 명백히 침해한 경우가 아니더라도 소비자를 기망하거나 타인의 투자나 명성에 무임편승해서 부당한 이익을 도모하는 행위가 위법하다고 판단되는 경우에는, 넓은 의미의 부정경쟁행위로서 불법행위 또는 부당이득의 법리에 의한 구제를 받을 수 있는지 검토해 볼 필요가 있고, 장기적으로는 부정경쟁방지법에 넓은 의미의 부정경쟁행위를 모두 포섭할 수 있는 일반조항을 둘 필요가 있을 것이다. 예컨대, 상표권, 저작권, 소유권, 초상권 등의 권리를 침해한 것이라고 단언할 수는 없지만 관련 업계의 관습이나 도덕규범에 위반하고 다른 경쟁업자에게 손해를 가함으로써 위법하다고 판단되는 일정한 유형의 행위들을 넓은 의미의 부정경쟁행위로 검토해 볼 수 있을 것이다. 상표권의 침해는 없지만 허위의 광고를 한다거나, 초상권의 침해가 없거나 초상권의 침해와 더불어 저명한 연예인 등의 고객흡인력을 무단으로 이용한 경우, 또는 저작권의 침해는 없지만 다른 경쟁업자의 상당한 투자에 의해서 수집・제공되는 데이터를 무단으로 이용하거나, 현행 민법상 물건에 대한 소유권의 침해가 있다고 단언할 수는 없지만 다른 경쟁업자의 투자에 무임편승해서 부당하게 이익을 도모하는 경우 등이 검토의 대상이 될 수 있다.

3. 無體財産의 盜用

손으로 만질 수 없고 형태가 없는 재산 즉 無體財産(intangible

property)[1]으로는 著作物, 發明, 디자인 등이 있다. 저작물과 발명 및 디자인은 저작권법, 특허법, 디자인보호법 등에 규정된 創作性이나 新規性[2] 등에 관한 요건을 갖추면 저작자 또는 발명자에게 저작권이나 디자인권 또는 특허권이 부여되고, 무체재산의 도용은 저작권이나 디자인권 또는 특허권의 침해의 문제로서 현행법에 따라서 해결된다. 현행법상 창작성의 요건이 요구되는 이유는 한편으로는 창작적인 노력을 통해서 文化와 科學의 發展을 도모하고자 하는 저작권법 등의 法目的[3]의 달성을 위해서 필요한 요건이기 때문이고, 다른 한편으로는 창작적인 노력의 산물이 시장에서 경제적 가치를 가지기 때문에 競爭業者 등에 의한 무단도용 및 不正競爭行爲[4]를 방지할 가치가 있는 무체재산에 해당되는지 여부를 판단하기 위한 기준으로 필요하기 때문이기도 하다. 문제의 출발점은, 創作性 등에 관한 현행법상의 요건을 갖추지 못했지만 시장에서 경제적 가치를 가진 무형적 산물 또는 새로운 유형의 무체재산은 어떻게 취급할 것인가이다. 다시 말해서, 디지털기술의 발전과 인터넷을 통한 전자상거래의 대중화에 따라서 아무리 경제적 가치를 가지게

1) '無體財産'이라고 함은 유체물이 아니어서 민법 제98조에서 의미하는 물건이나 형법상의 재물에(대법원 2002.7.12. 선고 2002도745 판결) 해당되지 않지만 경제적 가치를 가진 것을 의미한다.

2) 저작권법 제2조의 창작성의 요건은 다른 사람의 저작물을 모방하지 않은 것이어야 한다는 낮은 수준의 요건으로 해석되는 데 반해서 (대법원 2003. 10.23. 선고 2002도446 판결 및 대법원 1999.11.26. 선고 98다46259 판결), 특허법 제29조의 신규성은 진보성의 요건과 함께 한결 엄격하고 객관적인 기준으로 규정되어 있다.

3) 저작권법 제1조, 특허법 제1조, 디자인보호법 제1조 등은 표현의 차이는 있지만 모두 창작적인 노력을 조장함으로써 산업의 발전에 기여하는 것을 목적으로 함을 규정하고 있다.

4) 부정경쟁행위를 방지하여 건전한 거래질서를 확보하는 것은 현행 不正競爭防止法 제1조에 그 법목적으로 규정되어 있지만, 저작권법도 창작성의 기준을 통해서 간접적으로 동일한 목적의 달성에 기여하게 된다.

된 지적 산물 또는 무체재산이라고 하더라도 창작성 등의 요건을 갖추지 못하면 현행법에 따라서 단순히 그 법적 보호를 부인할 수밖에 없는가 아니면 저작권법 이외의 법리에 의한 보호를 가능하게 하는 또 다른 解釋論이나 立法論을 모색해볼 수 있는가의 문제이다.

새로운 유형의 무체재산에 대한 배타적 지배를 둘러싼 이익의 충돌과 분쟁의 구체적 사례로 '아바타(avatar),'[5] '게임아이템(game items),'[6] '글자꼴(typefaces)'[7] 등에 관한 사례를 들 수 있다. 아바타는 사이버공간에서의 자기분신으로서 그 머리모양과 얼굴표정이 단순하고 제한될 수밖에 없어서 그 대부분의 경우에 저작권법상의 창작성을 갖추고 있다고 볼 수 없으나 그 개발과 공급에 상당한 자본과 시간의 투자가 요구되고 그 경제적 가치와 시장규모가 커지고 있다.[8] 이러한 경우에 아바타를 개발해서 공급하는 기업으로서는 그 투자에 대한 보상을 받기 위해서 경쟁업체에 의한 무단복제나 도용을 금지할 필요성이 절실하다고 느낄 것이다. 다른 한편, 경쟁업체로서는 아바타가 저작권법상의 창작성 요건을 갖추고 있지 않다면 소비자들에게 공개적으로 제공된 아바타를 첨단기술

5) '아바타(avatar)'는 분신(分身)·화신(化身)을 뜻하는 것으로 이메일, 인터넷 채팅, 인터넷 게임 등의 사이버공간에서 인터넷이용자의 역할을 상징하는 화상 이미지 또는 그래픽 아이콘의 명칭으로 쓰이고 있다.

6) 서울지방법원 2002.10.15. 2002카합2377 결정 및 서울지방법원 2002.10.24. 2002카합1031 결정은 무체재산의 도용을 다툰 것은 아니지만 게임 아이템의 제작과 관리에 많은 노력과 자본을 투입한 기업이 경쟁업자의 무임편승을 위법하다고 주장하는 사례의 하나로 이해할 수 있다.

7) 우리 大法院은 글자꼴의 미적 요소 내지 창작성이 문자의 본래의 기능으로부터 분리·독립되어 별도로 감상의 대상이 될 정도의 독자적 존재를 인정하기 어렵다고 판단하면서 서체도안은 저작물로서 보호될 수 없다고 판시하였다: 대법원 1996.8.23. 선고 94누5632 판결.

8) 디지털타임스, 2004년 1월 1일 및 조선일보, 2003년 11월 19일.

로 수집하고 복제해서 경쟁적인 영업을 수행하는 것이 자유로운 경쟁의 이념에 부합된다고 주장할 수 있을 것이다.[9] 아바타라고 하는 새로운 종류의 무체재산을 둘러싼 다툼에 있어서 그 개발업자와 경쟁업체의 상호 충돌되는 이익과 주장 가운데 어느 것이 타당한가? 창작적인 작품에 대해서는 저작자의 배타적인 지배를 허용하지만 창작성을 결여한 경우에는 일반공중이 자유롭게 이용할 수 있는 공유의 대상으로 되어야 한다고 하는 著作權法의 시각에서만 판단한다면 경쟁업체의 주장이 받아들여져야 할 것이다. 그러나, 시장에서 상당한 가치를 가진 무체재산이 특정 기업의 상당한 투자에 의해서 탄생 또는 개발된 경우에 경쟁업자가 그러한 무체재산을 허락없이 복제하거나 도용하지 못하도록 금지하는 것이 공정한 경쟁이라고 하는 또 다른 시각에서 보아 타당하고 무체재산의 증가와 소비자 후생의 증가를 가져다주기 때문에 사회 전체적으로도 바람직한 경우에는, 전통적인 저작권법 이외의 별도의 법리를 찾아내거나 개발해서 그 무체재산의 개발업자의 이익을 보호할 필요가 있다.[10]

무체재산은 어떠한 市場에 제공하느냐에 따라서 그 경제적 가치가 달라질 수 있기 때문에, 동일한 무체재산이면 기존의 시장에서나 새롭게 형성된 시장에서나 마찬가지로 보호되어야 하는지 아

---

9) 서울지방법원 2003.11.14. 2003카합2639 결정 및 서울중앙지방법원 2004.3.19. 선고 2003카합3852 판결에서 피신청인 케이포테크놀로지의 입장이 바로 그것이다.

10) 아바타 개발업자에 의한 가처분신청 사건에서는 종국적으로 피신청인에 의한 아바타의 무단도용이 온라인디지털콘텐츠산업발전법 하에서 위법하게 신청인의 영업상의 이익을 침해한 것이라고 보아서 가처분신청이 받아들여진 바 있다(서울지방법원 2003.11.14. 2003카합2639 결정 및 서울중앙지방법원 2004.3.19. 선고 2003카합3852 판결). 더욱이 온라인디지털콘텐츠산업발전법에 의해서도 보호되지 못하는 새로운 유형의 무체재산이 등장하게 되면 마찬가지의 논쟁이 재연될 것이다.

니면 달리 취급되어야 하는지는 더욱 어려운 문제로 제기된다. 예컨대, 농구를 비롯한 각종 운동경기의 결과나 그와 관련된 각종 통계자료[11]가 방송을 통해서 제공되는 기존의 시장에서는 경기주최측과 방송사업자들간의 계약에 의해서 그 이해관계의 조정이 이루어져 왔지만, 휴대폰 등의 無線通信技術의 발전에 의해서 새로이 형성된 시장에서는 그 이익의 충돌과 분쟁의 해결이 극히 어려운 문제로 제기된다. 운동경기의 결과나 관련 통계자료는 대부분의 경우에 그 선택과 배열의 창작성을 갖추고 있지 못하기 때문에 저작물로서 보호받을 수 없지만, 운동경기를 주최하고 상당한 투자를 해서 연속적으로 운동경기를 운영하는 관련 협회로서는 그 운동경기의 결과나 관련 통계자료의 경제적 가치에 무임편승하는 영업행위가 부정경쟁행위로서 저지시킬 절실한 필요성을 느낄 것이다.[12] 다른 한편, 무선통신기술을 응용해서 휴대폰 등을 통한 정보제공서비스라고 하는 새로운 시장을 개척한 기업으로서는 저작권법의 보호를 받을 수 없는 운동경기정보를 자유롭게 이용해서 새로운 부가가치를 창출하는 것이 허용되어야 하고 그것이 사회적으로도 유익하다고 주장할 것이다.[13] 요컨대, 기술의 발전과 시장의

11) 예컨대, 특정 프로농구선수의 실적이라거나 농구공을 골에 집어넣는 확률 등과 같이 프로운동경기 애호가들이 관심을 가질 만한 다양한 통계자료가 있다.

12) 참고로 미국사례를 보면, The National Basketball Association v. Sports Team Analysis and Tracking Systems, Inc. (STATS), 41 USPQ2d 1549 (S.D.N.Y. July 22, 1996)사건에서, 미국 연방지방법원의 프레스카판사(Judge Preska)는 不正利用(misappropriation)의 원리를 원용하면서 NBA는 농구게임에 관한 실시간 정보("real-time" information)를 공급할 수 있는 배타적 지배권을 가진다고 보고 따라서 NBA의 허락없이 그러한 정보를 실시간으로 공급하는 것은 不正利用 또는 不正競爭行爲에 해당된다고 판시한 바 있다.

13) 참고로 미국사례를 보면, The National Basketball Association v. Motorola, Inc., 105 F.3d 841 (2nd Cir., 1997)사건에서, 연방항소법원은 무선통신기술을 활용해서 정보를 제공하는 방법이 원고 NBA의 그것과 상이하기 때문

변화로 인해서 새로운 유형의 무체재산이 형성되면 그 무체재산을 개발한 기업과 경쟁업자 또는 소비자들간의 경제적 이익이 충돌하고 법률적 분쟁의 형태로 나타나게 되는데, 누구의 이익을 보호하는 것이 사회적으로 효율적이고 바람직한가에 관한 시각의 차이 등으로 인해서 현행법의 다양한 해석론과 논쟁의 대상이 되고 때로는 입법론을 제기하는 계기가 되기도 한다.

4. 不公正한 방법의 營業

기술의 발전과 시장의 변화는 기업과 소비자들의 慣習을 바꾸고 새로운 商道德을 필요로 하게 되어서 영업방법의 불공정성을 둘러싼 다툼으로 나타나게 된다. 앞에서 살펴본 무체재산의 도용도 그 무체재산의 개발과 상업화에 소요된 타인의 자본과 노력에 무임편승하는 결과를 초래하기 때문에 넓은 의미의 불공정한 영업행위에 해당된다고 말할 수 있다. 여기에서 기술의 발전으로 인하여 영업방법의 불공정성 여부가 특히 문제되는 경우로 검토해보고자 하는 것은, 무체재산에 대한 현행법상의 권리나 유체물에 대한 전통적인 의미의 소유권을 침해한 바가 없음에도 불구하고 영리목적으로 일정한 유형의 정보이용이나 접속(access)이 상도덕이나 관습에 반하는 不公正 營業 또는 不正競爭行爲에 해당되어 그로 인해서 손해를 받은 자에게 적절한 구제수단을 부여해줄 것인가의 문제이다. 후발기업으로서는 자유로운 경쟁의 중요성을 강조하면서, 상도덕이나 관습이 이미 법률에 반영되어 있고 법률에 반영되어

에 직접적인 경쟁관계가 없고 피고가 원고의 기존 시장에 악영향을 미쳤다고 볼 수 없다는 점을 중시하면서 부정이용 또는 부정경쟁행위의 성립을 부인한 바 있다.

있는 한도에서만 법적 구속력을 가진다고 주장할 것이다. 다른 한편, 기술개발을 선도하고 있거나 새로운 시장을 개척한 선발기업으로서는, 기술의 발전과 시장의 변화가 급속하게 이루어짐으로써 상도덕이나 관습 자체가 바뀌었거나 새롭게 형성되었다는 것을 전제로 하면서, 현행법상의 지적재산권이나 전통적인 의미의 소유권을 침해하지 않더라도 불공정하거나 위법한 경우가 있을 수 있다고 주장할 것이다.[14] 요컨대, 후술하는 사례에서와 같이, 기술의 발전과 시장의 변화에 따라서 영업방법의 불공정성을 둘러싼 분쟁이 증가하게 되고, 그러한 분쟁의 해결을 담당하게 될 법원으로서는 慣習法[15]의 지위로 승격시킬 만한 가치가 있거나 또는 違法性[16] 여부의 판단에 영향을 미칠 만한 慣習이나 商道德이 과연 존

14) "다수이용자 동시 접속방법의 온라인게임(MUG)"이 폭발적인 인기를 끌게 되자 그 게임에서 일정한 실적에 따라서 얻고 이용할 수 있는 창, 방패, 보석 등의 게임아이템(game items)의 거래욕구가 생기게 되고, 그러한 게임아이템의 거래가 게임이용자와 게임사이트와의 사이에 체결된 약관에 의해서 금지되어 있음에도 불구하고, 특정 기업이 게임아이템의 매매를 중개해주는 사이트를 운영하게 되어서, 온라인게임사이트 운영자는 그러한 게임아이템의 매매중개를 정지하는 것을 내용으로 하는 가처분신청을 제기하면서, 게임아이템의 매매중개는 공정한 게임서비스제공업무를 방해하고 아이템을 현금으로 살 수 있는 가능성을 열어주어서 게임에 대한 신뢰도를 하락시키는 불공정한 영업행위라고 주장한 바 있다. 그러나 서울지방법원 2002.10.15. 2002카합2377 결정 및 서울지방법원 2002.10.24. 2002카합1031 결정은 신청을 기각했고 서울고등법원 2003.5.2. 2002라561 결정도 항고를 기각했다.

15) 민법 제1조 및 상법 제1조는 공히 관습법의 보충적 적용가능성을 규정하고 있고, 서울민사지방법원 1995.1.18.자 94카합9052 결정에서 서울민사지방법원이 상관습의 존재를 확인함으로써 현행 저작권법이 부여하지 아니한 성명표시권을 가수에게도 부여한 것과 사실상 동일한 결과를 가져다 준 것은 흥미로운 사례가 된다.

16) 후술하는 바와 같이 민법 제750조는 불법행위의 성립에 반드시 권리의 침해가 있을 것을 요구하지 않고 있기 때문에 현행법상의 권리침해에는 해당되지 않지만 상도덕이나 관습에의 위반 또는 불공정성이 위법성의 판

재하는지 여부에 관한 고민을 해야 할 것이다.

기술의 발전은 새로운 방법으로 상품을 판매하거나 서비스를 제공할 수 있게 해주고, 새로운 방법의 영업이 불공정한 것인지 여부에 관한 다툼이 발생하게 되는데, 예컨대 인터넷 프레이밍(framing)[17]의 방법으로 자신의 웹사이트의 윤곽과 광고 속에서 다른 기업의 웹사이트 정보를 볼 수 있게 하는 정보제공서비스가 과연 불공정한 것인지 여부에 관한 다툼이 바로 그것이다.[18] 프레이밍의 방법으로 정보를 제공하는 기업으로서는, 인터넷이 무수히 많은 웹사이트들이 거미줄처럼 연결된 것으로서 그 구체적인 연결기술로 활용되는 링킹(linking)과 프레이밍은 인터넷의 속성상 필연적이고 보편화된 기술이라는 점을 강조하면서, 프레이밍의 방법으로 정보를 제공하는 영업이 보편적인 상관습에 따른 것일 뿐이라고 주장할 것이다.[19] 다른 한편, 프레이밍에 반대하는 기업으로서는 자신의 웹사이트 또는 정보에 '원하지 않는 윤곽(frame)'이 생기기 때문에 저작물의 동일성이 파괴된다거나[20] 인터넷 이용자들이

단 근거가 될 수 있을 것이다.

17) 'framing'이라고 함은 자신의 웹사이트 방문자가 그 웹사이트의 윤곽(frame)을 그대로 유지하면서 인터넷이용자가 링크해서 보고자 하는 타기업 웹사이트의 내용을 그 윤곽 속에서 보도록 할 수 있는 인터넷 기술을 의미한다. 무료 웹사이트는 그 주된 수입원이 웹사이트 윤곽(frame)에 게재되어 있는 광고의 대가이기 때문에, 자신의 웹사이트 윤곽 속에서 다른 웹사이트의 내용을 볼 수 있도록 하는 것은 타기업 웹사이트의 광고수익을 빼앗아오는 결과를 초래할 위험이 있어 경쟁업자 사이의 심각한 이익충돌의 문제를 야기하게 된다.

18) 서울지방법원 2001.12.7. 선고 2000가합54067 판결은 저작권이나 상표권의 침해를 인정할 수 없는 사안에서도 영업방법의 불공정성 또는 위법성을 인정할 수 있음을 잘 보여준 사례에 해당된다.

19) Chris Reed, Controlling World Wide Web Links: Property Rights, Access Rights and Unfair Competition, 6 Ind. J. Global Legal Stud. 167 (1998).

20) 우리 저작권법 제13조 및 제22조의 동일성유지권의 침해 또는 2차적 저

웹사이트 정보의 출처에 관한 혼동을 일으킨다는 등의 근거를 들면서 지적재산권의 침해를 주장하거나[21] 또는 웹사이트를 만들지도 않고서 프레이밍만으로 마치 웹사이트를 제작해서 정보를 제공하는 것과 사실상 동일한 효과를 도모하고[22] 광고수익을 빼앗아가는 불공정한 영업행위[23]에 대한 적절한 구제가 주어져야만 공정한 거래질서의 확보와 소비자후생의 증가를 도모할 수 있다고 주장할 것이다.

'소프트웨어 로봇(software robot)'[24]을 활용해서 정기적으로 다른 기업의 웹사이트 서버를 검색하고 일정한 정보를 자신의 웹사이트에 복제하거나 연결한 후 고객들에게 마치 자신의 것인 것처럼 정보를 제공하는 인터넷영업방법도 그 불공정성 여부에 관한 다툼의 대상이 되고 있다.[25] 소프트웨어 로봇을 활용해서 정보를

작물작성권의 침해를 주장할 수도 있는데, 그러한 주장을 받아들인 미국의 사례로 Mirage Editions, Inc. v. Alburquerque A.R.T. Co., 856 F.2d 1341 (9th Cir. 1988)가 있다.

21) Ticketmaster Corp. v. Microsoft Corp., Case No. 97-3055 DDP (C.D. Cal. Complaint filed Apr. 28, 1997) 및 The Washington Post Co. v. TotalNews, Inc., Case No. 97 Civ. 1190 (PKL) (S.D.N.Y. Complaint filed Feb. 20, 1997)에서 원고는 피고의 저작권침해 및 상표권침해를 주장했으나 화해로 종결됨으로써 framing에 관한 선례를 남기지는 못했다.

22) 프레이밍의 민사적 책임을 다룬 사건은 아니지만, 링킹의 방법에 따라서는 다른 기업의 웹사이트를 사실상 지배하고 이용하는 것과 동일한 효과를 도모할 수 있음을 인정한 형사판결로 대법원 2003.7.8. 선고 2001도1335 판결은 흥미로운 논점을 제기해준다.

23) 서울지방법원 2001.12.7. 선고 2000가합54067 판결에서 전자지도를 검색할 수 있는 웹사이트를 프레이밍방식으로 연결해서 전자지도를 볼 수 있게 하는 서비스를 제공하는 것은 전자지도 개발업자의 이익을 침해하는 위법한 행위라는 전제 위에서 손해배상을 명한 바 있다.

24) 'software robot'이라고 함은 전세계의 일정한 웹사이트를 돌아다니면서 일정한 종류의 정보를 검색해서 복제해오는 software를 의미한다.

25) Bruce Abramson, From Investor Fantasy to Regulatory Nightmare: Bad

수집하고 제공하는 기업으로서는, 웹사이트가 공개된 공간이어서 일반 이용자들이 자유롭게 그 서버에 접속할 수 있는 것처럼 소프트웨어 로봇을 활용해서 경쟁사이트의 서버에 접속하는 것도 공정하고 자유로운 경쟁행위로 허용되어야 한다고 주장할 것이다. 다른 한편, 소프트웨어 로봇의 사용을 금지하고자 하는 기업으로서는 로봇에 의한 반복적인 검색으로 인해서 고객들의 웹사이트 방문 및 이용이 방해를 받고 로봇을 통한 정보의 검색과 이용은 위법한 무임편승이라는 점을 강조하고,[26)] 로봇이 웹사이트 서버를 검색하는 것은 이용자에 대한 묵시적 허락의 범위를 벗어난 무단침입(trespass)으로 불법행위에 해당된다고 주장할 수 있다.[27)] 로봇을 활용한 서버검색과 이용행위는 예컨대 길을 걷다가 다른 사람의 정원에서 재배되고 있는 장미꽃의 향기를 맡는 것처럼 자유롭게 할 수 있는 행위에 해당되는가 아니면, 예컨대, 결혼식장에 초대받지 않은 사람이 하객인 것처럼 가장하고 들어가서 결혼식을 방해하는 주거침입[28)]과 마찬가지의 위법행위로 취급되어야 하는

Network Economics and the Internet's Inevitable Monopolists, 16 Harv. J. Law & Tec 159 (2002)

26) 이에 관한 미국 사례로 eBay, Inc. v. Bidder's Edge, Inc., 100 F.Supp.2d 1058, 54 U.S.P.Q.2d 1798 (N.D. Cal., May 24, 2000) 참고; 이 사건에서 eBay는 경매에 관한 정보의 분류, 저장, 게시, 검색 등에 관한 U.S. Patent 6,058,417 (May 2, 2000) 등 다수의 특허권을 가지고 혁신적인 방법의 경매정보 관리와 운영으로 많은 고객을 확보하게 된 것이다.

27) eBay, Inc., v. Bidder's Edge, Inc., 100 F.Supp.2d 1058, 54 U.S.P.Q.2d 1798 (N.D. Cal., May 24, 2000)에서 원고 eBay는 인터넷상의 경매를 가능하게 해주는 웹사이트를 운영하고 있고 효율적인 경매를 위해서 동 웹사이트에 등록된 3백만건에 가까운 제품을 약 2500개의 항목으로 분류해서 정리 및 관리하고 있고 그러한 효율적인 시스템을 신뢰한 이용자들이 매일 약 400,000건의 제품을 등록하고 있는데, 피고가 eBay의 경매사이트를 돌면서 경매제품들에 관한 정보를 수집해가는 것은 eBay 사이트 이용자들의 방문과 사이트서버 관리를 방해하는 것이라고 주장한 것이다.

가? 전형적인 不法行爲는 자동차 사고에서와 같이 일회적이고 물리적인 침해가 주된 유형으로 되어 왔지만, 후기산업사회에 와서는 公害와 같이 계속적이고 무형적인 침해(nonphysical intrusions)가 새로운 유형의 불법행위로 자리잡게 되었고, 21세기의 지식기반사회에서는 소프트웨어 로봇 등에 의한 인터넷상의 경쟁적이고 무형적인 침해가 새로운 유형의 불법행위에 해당되는지 여부에 관한 논쟁이 시작된 것이다. 공해배출이라고 하는 불법행위는 공해와 소유물 또는 소유권자의 손해와의 인과관계 그리고 공해배출업자의 주의의무의 정도가 논의의 핵심이었지만,[29] 인터넷 웹사이트 서버에 대한 무형적인 침해는 기본적으로 그것을 침해로 볼 것인가 여부 즉 부작위의무를 부과하는 상도덕이나 관습 또는 법[30]이 존재하고 있는지 여부에서부터 논쟁의 대상이 된다.[31]

---

28) 일반적으로 개방되어 있는 장소의 경우에도 그 관리자가 출입을 금지 내지 제한할 수 있고 그에 위반하거나 퇴거요구에 불응하는 것은 주거침입 또는 퇴거불응의 범죄에 해당된다: 대법원 1992.04.28. 선고 91도2309 판결.

29) 예컨대, 비교적 최근 사례로 대법원 2002.10.22. 선고 2000다65666, 65673 판결 참고

30) 「情報通信網利用促進 및 情報保護 등에 관한 법률」 제48조 제1항은 "누구든지 정당한 접근권한 없이 또는 허용된 접근권한을 초과하여 정보통신망에 침입하여서는 아니된다"고 규정하고 있는데, 허용된 접근권한의 범위가 불명확한 현실하에서는 경쟁업자의 부작위의무의 존부 및 그 범위도 불명확하다는 점을 부인할 수 없다.

31) Bruce Abramson, From Investor Fantasy to Regulatory Nightmare: Bad Network Economics and the Internet's Inevitable Monopolists, 16 Harv. J. Law & Tec 159 (2002); Melissa A. Kern, Paradigm Shifts And Access Controls: An Economic Analysis Of The Anticircumvention Provisions Of The Digital Millennium Copyright Act, University of Michigan Journal of Law Reform 891 (2002).

5. 不公正한 방법의 廣告

不公正한 방법의 廣告는 소비자를 혼동시키고 불공정한 방법으로 고객을 빼앗아 간다는 점에서 불공정한 방법의 영업과 마찬가지로 그 위법성 여부가 다툼의 대상으로 되어 왔다. 특히, 기술의 발전으로 인해서 배너(banner) 광고,[32] 스팸(spam),[33] 키워드(key-word) 광고,[34] 메타태그(metatag),[35] 팝업(pop-up) 광고[36] 등과 같

---

32) 'banner 광고'라고 함은 인터넷 웹페이지에 깃발이나 띠 (banner) 모양으로 만들어 제시한 광고를 의미한다. 인터넷 이용자가 이것을 클릭하면 그 광고의 게재를 의뢰한 광고주의 웹페이지로 인터넷 이용자가 자동으로 옮겨짐으로써 광고의 효과를 가지게 된다.

33) 'spam'이라고 함은 싸구려 통조림처럼 불필요한 인터넷 메일로서 '정크메일'이라고도 불리우고 광고를 위해서 다수의 소비자에게 보내지는 광고메일을 의미한다.

34) 'key word 광고'라고 함은 daum, naver, yahoo 등과 같은 검색사이트에서 인터넷 이용자가 검색을 하기 위해서 검색어(key word)를 입력하면 검색결과를 보여주는 화면의 윤곽에 그 검색어에 광고를 연결해줄 것을 미리 신청한 광고주의 광고를 나타나게 해주는 맞춤광고와 같은 고도의 효율적인 광고방법을 의미한다.

35) 웹사이트는 hypertext markup language (html)이라는 언어로 작성되는데, 그러한 html 문서 속에는 다양한 명령어가 삽입되어 있고 화면에 나타나지 않는 특수태그로 삽입된 것을 'metatag'라고 한다. 검색엔진이 웹페이지를 검색할 때 metatag를 비롯한 몇 가지 요소를 참고해서 검색한 후 그 결과를 나타내주기 때문에, 자신의 웹페이지에 많은 소비자들이 방문하기를 원하는 기업은 metatag로서 인터넷이용자들이 자주 검색하는 검색어를 입력하게 된다. 참고로 미국사례를 보면, Playboy Enterprises, Inc. va. Terri Welles, CV-98-00413-JNK (9th Cir. 2002)에서는 metatag의 활용이 표현의 자유에 의해서 보호되는 적법한 것으로 판시되었지만 출처혼동을 초래할 수 있는 경우에는 위법한 것으로 인정된 사례도 다수 있다: Insituform Technologies Inc. v. National Envirotech Group, L.L.C. Civ. No. 97-2064 (E.D. La. 1997); Playboy Enterprises Inc. v. Calvin Designer Label, Civ. No. C-97-3204 (N.D. Cal. 1997); Playboy v. AsiaFocus and Internet Promotions,

이 새로운 유형의 광고방법이 나타나고 그 불공정성 여부에 관한 다툼이 제기되고 있다. 이와 같이 기술의 발전으로 인해서 등장하게 된 새로운 유형의 광고방법이 현행 행정규제[37]의 대상이 되지 않거나 출처표시에 관한 현행법에 위반되는 바는 없지만,[38] 여전히 소비자의 관심을 혼동시키거나 정상적인 인터넷 접속 및 이용을 방해하는 경우에는 어떻게 할 것인가? 광고방법의 불공정성 여부는 소비자들의 정상적인 인터넷 이용에 영향을 미칠 뿐만 아니라, 소비자들의 구매결과에 미치는 영향은 곧바로 그러한 광고가 목표로 하는 시장의 경쟁업자들 간의 이해관계에도 직접적인 영향을 미친다. 따라서, 새로운 유형의 광고방법이 불공정한 것인지 여부에 관한 다툼은 소비자 및 경쟁업자에게 미치는 영향과 함께 관

Civ. No. C-97-3204 (N.D. Cal. 1997); N.V.E. v. Hoffmann-La Roche, CA No. 99-5858 (WHW).

36) 'pop-up 광고'라고 함은 기본화면 또는 GUI(Graphical User Interface) 화면 앞으로 나타나는 작은 창에 게재한 광고를 의미하는데, pop-up 광고가 나타나면 인터넷이용자들이 보고 있는 현재화면의 일부 또는 상당부분을 가리게 되어서 광고효과가 크다. 국내에서도 그 위법성에 관한 다툼이 있었고 (중앙일보 2004. 4. 22.자 8면 참조), 미국에서 Washingtonpost.Newsweek Interactive Co. v. Gator Corp., No. 02-909-A, 2002 WL 31356645 (E.D. Va. 2002) 및 1-800 Contacts, Inc., v. WhenU.Com and Vision Direct, Inc., 2003 WL 22999270 (S.D.N.Y. 2003)은 그 위법성을 인정하면서 팝업광고를 금지한 바 있다: Erich D. Schiefelbine, Stopping a Trojan Horse: Challenging Pop-Up Advertisements and Embedded Software Schemes on the Internet Through Unfair Competition Laws, 19 Santa Clara Computer & High Tech. L.J. 499 (2003).

37) 「表示·廣告의 公正化에 관한 법률」은 제3조에서 부당한 표시·광고의 유형을 열거해서 규정하고 제7조에서 공정거래위원회로 하여금 부당한 표시 또는 광고의 중지 등의 시정조치를 취할 수 있게 하고 있다.

38) 현행 상표법은 등록상표에 한해서 보호를 하고 있고(상표법 제41조) 不正競爭防止法은 한정된 유형의 출처혼동행위만을 금지하고 있기 때문에 (不正競爭防止 및 營業秘密保護에 관한 법률 제2조), 현행법에 의해서 규제되지 않는 불공정 광고방법이 등장할 수 있는 가능성은 많다.

련 시장에서 일정한 관습이나 상도덕이 형성되어 있다고 볼 수 있는지에 관한 분석과 논의에 의해서 해결될 수 있을 것이다.

광고의 불공정성은 광고방법 자체의 불공정성뿐만 아니라 광고에 이용된 저작물이나 초상 등에 관한 타인의 권리침해 여부를 둘러싼 다툼의 형태로 나타나기도 한다. 광고에 타인의 저작물이나 초상 등을 이용한 경우에 타인의 권리를 침해했는지 여부는 저작권법이나 肖像權에 관한 판례를 참고해서 판단하면 족하겠지만, 전술한 바와 같이 새로운 유형의 무체재산을 이용한 경우라거나 초상의 인격적 측면뿐만 아니라 재산적 측면까지도 이용한 경우 등과 같이 현행법이나 판례에 의해서 곧바로 해결책을 찾기 어려운 경우도 있을 수 있다.[39] 광고에서 보호받고자 하는 연예인이나 저명인의 초상이나 성명에 관한 이익은 그것을 비밀로 간직하고 싶은 인격적 이익이 아니라 공개되어 있고 널리 알려져 있는 자신의 초상이나 성명이 가진 고객흡인력에 관한 재산적 이익이고 그러한 이익을 상업적으로 활용할 수 있는 기회를 보호받고 싶은 것이기 때문이다.[40] 예컨대, 21세기의 지식기반사회에서 로봇이 활

39) 우리 법원은, 대중적 인기도에 따른 선전가치성, 피고들의 이 사건 불법광고의 방법과 횟수 및 그 경위, 원고와 피고들 사이의 위 캐털로그 모델계약상 모델료, 추가모델료에 관한 피고들의 여타 모델들과의 계약상황 등의 제반사정을 참작해서 손해배상액을 정하고(서울고등법원 1989.1.23. 선고 88나38770 판결), 계약기간의 만료 이후에도 계속 광고함으로써 광고모델에 대한 불법행위를 인정하고 그에 대한 손해배상액을 산정함에 있어서 위자료 이외에 재산적 손해를 별도로 산정한 사례(서울민사지법 1991.7.25. 선고 90가합76280 판결)도 있어서, 사실상 유명연예인의 재산적 이익을 보호하고 있으면서도 형식논리는 초상권의 침해를 근거로 하고 있다. 그러한 재산적 이익을 양도하거나 상속할 수 있는지에 대해서는, 우리 법원이 계속 초상권의 법리에 의존하는 한 해결할 수 없는 난제로 남게 될 것이다.

40) Paul J. Heald, Filling Two Gaps in the Restatement (Third) of Unfair Competition: Mixed-Use Trademarks and the Problem with Vanna, 47 S. C. L. Rev. 783 (1996), pp.806-807.

동하는 상황을 전제로 한 광고에서[41] 그 로봇이 유명한 연예인을 닮지 않았고 그 연예인의 초상에 관한 인격적 이익을 침해한 바는 없지만 그 연예인을 유명하게 만든 TV 프로그램과 함께 고객을 흡인할 수 있는 능력에 편승했다거나 그러한 재산적 이익을 침해했다고 볼 수는 없는지,[42] 경마에서 우승한 말(馬)의 주인이 자신의 말(馬)에 대한 인격적 이익을 주장할 수는 없지만 경마에 관심을 가진 고객들의 관심을 끌 수 있는 능력 또는 그에 관한 재산적 이익의 보호를 주장할 수 있는지[43] 여부 등이 문제된 바 있다.

6. 소　결

기술의 발전과 시장의 변화로 인해서 무체재산의 도용, 불공정한 방법의 영업과 광고 등을 둘러싼 다양한 분쟁이 나타나고 있

41) 관련된 미국 사례로 White v. Samsung Electronics America, Inc., 989 F.2d 1512 (9th Cir. 1993)에서 피고 삼성은 VCRs (videocassette recorders)의 홍보를 위해서, 긴머리에 장신구를 착용하고 드레스를 입은 로봇이 미국의 약 4천만 시청자를 가진 "Wheel of Fortune"이라는 게임쇼와 아주 유사한 게임쇼 환경 속에 나타나고, 자막으로 "서기 2012년 현재 가장 장수한 게임쇼"라는 설명이 나온 후 삼성의 VCRs이 그 때에도 널리 애용될 것이라는 의미를 시사하는 내용의 광고물을 제작했는데, 미국연방항소법원은 삼성의 광고에 등장하는 로봇이 "Wheel of Fortune"이라는 게임쇼의 여성 진행보조인 White와는 외관상 다르지만 "Wheel of Fortune"이라는 인기 게임쇼 속의 여성 진행보조인을 연상케 함으로써 그 게임쇼와 진행보조인의 고객흡인력을 도용한 측면이 있다고 판시한 바 있다.

42) Melville Nimmer, The Right of Publicity, 19 Law & Contemporary Problems 203 (1954).

43) 홍미로운 일본 사례로 "G1레이스"라는 경마대회에서 우승한 競走馬의 이름에 고객흡인력이 있다는 것을 전제로 해서 그러한 우승마의 이름을 무단으로 이용한 것이 위법하다고 본 사례가 있다: 名古屋地裁, 平成 12.1.19. 平10(ワ) 527号, 判タ1070号 233.

다. 이러한 분쟁이 著作權이나 商標權 또는 所有權이나 人格權 등의 침해 여부에 관한 것인 경우에는 저작권법 등의 관련 법률과 판례에 의해서 해결될 수 있고, 不正競爭防止法이나 獨占規制法 등이 적용될 수 있는 불공정하거나 부당한 행위가 문제되는 경우에는 독점규제법 등의 관련 법률에 의해서 시정될 수 있다. 그러나, 현행법상 저작권 등의 권리침해도 없고 부정경쟁방지법 등의 위반에 해당되지 않는데도 불구하고 무체재산의 도용이라거나 영업 또는 광고방법의 불공정성으로 인해서 영업상의 이익이 침해되었다고 주장하면서 그에 대한 법적 구제를 구하는 國內外 紛爭事例들이 빈번하게 발생하고 있다. '자유로운 경쟁'을 중시하자면, 현행법상 명시적으로 인정된 저작권 등의 권리침해나 독점규제법 등에서의 불공정거래행위가 없는 한, 법원을 비롯한 정부의 개입 없이 기업과 소비자가 스스로 해결하도록 방임할 수도 있다. 그러나, 소비자의 판단을 왜곡시키거나 방해하는 영업 또는 광고를 방임하는 것이 오히려 소비자 후생을 감소시킨다거나, 또는 타인의 노력과 투자의 결과에 무임편승하는 방법으로 경쟁상의 이익을 도모하는 것이 궁극적으로 사회 전체적인 생산의 효율성을 떨어뜨리고 자원의 비효율적인 배분을 초래한다면,[44] 현행법상 저작권 등의 권리 침해가 없다는 이유만으로 법적 구제를 부인하는 것은 법원이나 국회의 직무유기와 다를 바 없다. 문제는 기술의 발전과 시장의 변화에 따라서 발생하는 새로운 유형의 분쟁에 대해서 어떠한 법률적 근거에 따라서 무엇을 기준으로 판단하고, 만일 위법하다고 판단된다면 어떠한 구제수단을 줄 수 있는가이다.

이해당사자들로서는 거래비용에도 불구하고 자신들의 판단과 책임하에 합리적인 거래조건에 입각한 사적 자치 또는 계약을 통

44) Diane P. Wood, "Unfair" Trade Injury: A Competition-Based Approach, 41 Stan. L. Rev. 1153, 1155 (1989).

해서 문제를 해결하고자 노력할 것이고, 그러한 사적 자치가 실패할 경우에는 법원이 당사자간의 계약조건을 추정하거나 그러한 계약관계가 전혀 없는 경우에는 당사자 일방의 행위가 불법행위를 구성하는지 여부를 판단해야 할 것이다. 이와 같이 일정한 유형의 계약이 반복되거나 위법한 행위 유형이 반복적으로 확인되면 결과적으로 정보를 둘러싼 일정한 권리의무관계가 법원에 의해서 확인되고 앞으로의 입법에 반영될 수 있는 기초가 될 수 있다.

Ⅲ 商標의 保護

1. 商標法에 의한 商標의 보호

상표법은 일정한 요건과 절차에 따라서 특허청에 등록된 상표에 한해서 상표권을 부여하고 보호해주고 있다. 문제는 특허청에 등록되어 있지는 않지만 국내에 널리 인식된 상표 즉 주지 또는 저명한 상표(이하에서는 '주지상표'라고 약칭함)가 어떻게 보호되는가 그리고 그러한 주지 또는 저명상표와 등록상표가 상호 저촉되는 경우에는 어느 상표가 우선하는가의 문제이다. 우선 주지상표의 보호에 대해서 보면, 상표법은 일정한 범위에서 주지상표와 동일 또는 유사한 상표의 등록을 금지하고 그에 반하는 등록은 무효심판의 사유로 규정함으로써 주지상표를 간접적으로 보호하고 있다. 주지상표의 보호에 대해서는 부정경쟁방지법이 그와 동일 또는 유사한 표지의 사용을 부정경쟁행위로 규정함으로써 직접적으로 보호하고 있기 때문에, 상표법상의 보호와 부정경쟁방지법상의 보호의 상호관계 및 상표법상의 등록상표와 부정경쟁방지법상의 주지상표의 보호의 상호저촉이 가장 어려운 문제로 등장하고 있다.

가. 商標登錄 단계에서의 보호

周知商標의 보유자가 자신의 상표를 등록해서 보호받을 수 있음은 물론이다. 문제는 제3자가 주지상표와 동일·유사한 상표를 먼저 등록출원을 한 경우에, 주지상표의 보유자가 타인의 상표등록을 저지하거나 무효라고 주장할 수 있는가이다. 우리 상표법은 세 가지의 경우로 나누어서 주지상표와 동일·유사한 상표의 등록을 금지하고 있다: (1) 타인의 상품을 표시하는 것이라고 수요자간에 현저하게 인식되어 있는 상표와 동일 또는 유사한 상표로서 그 타인의 상품과 동일 또는 유사한 상품에 사용하는 상표, (2) 수요자간에 현저하게 인식되어 있는 타인의 상품이나 영업과 혼동을 일으키게 할 염려가 있는 상표, (3) 국내 또는 외국의 수요자간에 특정인의 상품을 표시하는 것이라고 인식되어 있는 상표와 동일 또는 유사한 상표로서 부당한 이익을 얻으려 하거나 그 특정인에게 손해를 가하려고 하는 등 부정한 목적을 가지고 사용하는 상표의 세 가지가 그것이다.[1)]

나. 周知商標 保護의 趣旨

상표법이 이와 같이 타인의 주지상표와 동일·유사한 상표를 등록할 수 없도록 규정한 취지는 무엇인가? 타인의 주지상표와 동일·유사한 상표의 등록을 허용하게 되면 주지상표의 보유자와 등록상표의 보유자가 상이해서 당해 상표가 부착된 상품이나 서비스의 출처에 관한 수요자들의 혼동을 초래하게 될 위험이 있을 것이

---

1) 상표법 제7조 1항 제9호 내지 제10호 및 제12호; 현실적으로 제4호(공서양속) 및 제11호(품질오인야기)도 주지상표보호를 위해서 원용되고 있는바, 그 구체적인 내용과 문제점에 관해서는 후술한다.

다. 따라서, 타인의 주지상표와 동일·유사한 상표를 등록할 수 없도록 규정한 것은 출처혼동을 방지하기 위한 것이다. 다시 말해서, 상표법은 기본적으로 상표등록에 관해서 先願主義에 입각해서 먼저 상표등록출원을 한 자에게 상표권을 부여해주지만, 상표등록출원시에 수요자간에 현저하게 인식된 상표가 이미 타인에 의해서 보유되고 있는 경우에는 그러한 주지상표와 동일·유사한 상표의 등록을 허용하게 되면 수요자에게 출처의 혼동을 초래해서 상표법의 목적에도 반하는 결과가 되기 때문에 선원주의의 예외를 인정하게 된 것이다.[2)]

상표를 비롯한 출처표시를 보호한다는 점에 있어서는 商標法과 不正競爭防止法이 동일한 기능을 수행하고 있다. 부정경쟁방지법은 주지성을 갖춘 상표 등 출처표시에 대해서는 그 상표등록여부를 불문하고 침해금지청구권과 손해배상청구권 등에 의한 보호를 해줌으로써,[3)] 주지상표의 보유자에게 일정한 권리 즉 자신의 주지상표에 관한 이익을 향유할 수 있는 지위 또는 權利를 부여한 것이다. 부정경쟁방지법이 주지상표의 보유자에게 인정한 권리는 출처혼동 및 영업상 이익의 침해라는 세부적인 요건에 있어서 다소의 차이는 있으나[4)] 상표법이 등록상표의 보유자에게 부여한 권

2) 송영식 등 공저, 지적소유권법(하), 육법사, 134-135면.

3) 부정경쟁방지법 제2조 제1호, 제4조 및 제5조.

4) 상표법에서 상표권의 침해기준으로 채택된 상표의 동일·유사성 및 지정상품과의 동일·유사성은 출처혼동에 관한 판단의 어려움을 덜기 위해서 입법적으로 선택한 방법에 불과하고, 기본적으로 그러한 침해기준은 출처혼동의 가능성이 있기 때문이라는 점을 전제로 하고 있는 것이다. 또한 영업상 이익의 침해라는 요건이 상표권침해의 경우에는 명문의 규정으로 들어와 있지 않지만, 상표법이 보호하고자 하는 상표권자의 이익은 본질적으로 영업상의 이익이기 때문에, 상표의 parody라거나 기타의 비영업적 이용은 상표권의 침해라고 보기 어려운 경우가 많을 것이다. 따라서, 외관상으로는 양법의 보호기준에 차이가 있는 것처럼 보이지만, 실질적으로는 양법

리 즉 상표권과 아주 유사한 권리라는 점에서, 부정경쟁방지법은 주지상표의 보유자에게 넓은 의미의 상표권을 부여한 것이라고 말할 수 있다.[5] 이러한 관점에서 보면, 상표법이 주지상표와 동일·유사한 상표를 등록할 수 없는 것으로 규정한 것은 선원주의에 입각해서 상표권을 취득하도록 허용함으로써 부정경쟁방지법이 주지상표의 보유자에게 부여한 권리를 침해하는 것을 방지하기 위한 것이라고 볼 수 있다. 다시 말해서, 상표등록출원일 이전에 주지상표 보유자에게 이미 넓은 의미의 상표권 또는 부정경쟁방지법상의 권리가 발생한 경우에 그러한 주지상표 보유자의 권리를 우선해서 보호한다는 것이 그 취지이다.[6] 요컨대, 상표법이 타인의 주지상표와 동일·유사한 상표의 등록을 금지하는 규정을 둔 취지는 한편으로는 출처의 혼동을 방지하고 다른 한편으로는 주지상표 보유자의 권리를 보호하기 위한 것이고, 후자의 취지는 상표법이 부정경쟁방지법과의 모순을 없애고 양법의 조화를 도모하기 위해서 둔 규정이기도 한 것이다.

다. 商標의 周知性

상표를 처음으로 선정해서 사용하기 시작한 때에는 수요자들에게 전혀 알려져 있지 않은 상태에 있지만, 그 후 상표를 부착한 상품을 판매하고 상표 및 상품에 대한 광고를 함으로써 당해 상표는 수요자들에게 알려지기 시작하고, 당해 상표품의 품질이 우수

이 상표에 관한 신용과 명성을 보호하고 소비자의 혼동을 방지하고자 하는 법목적을 공유하고 있다고 말할 수 있다.

5) 좁은 의미의 상표권은 상표법이 규정한 상표권으로서 상표등록에 의해서 비로소 창설되는 권리를 말한다.

6) Robert P. Merges and others, Intellectual Property in the New Technological Age (Aspen Law & Business), p.608.

하다는 인식이 널리 퍼지게 되면 거의 모든 수요자들에게 저명한 상표로 될 수도 있다. 다시 말해서, 상표 가운데는 무명의 상태로부터 상당수의 수요자에게 알려진 상태 또는 압도적 다수의 수요자에게 알려진 상태 또는 그 상표품의 우수성이 널리 알려져서 상품수요자 이외의 일반 공중에 널리 알려진 상태에 이르기까지 다양한 상태의 상표가 있을 수 있다. 이와 같이 상표는 무명의 상태에서부터 저명의 상태에 이르기까지 다양한 상태에 있을 수 있는데, 상표법과 부정경쟁방지법에서 요구하는 상표의 주지성은 어느 정도의 주지성인가? 상표가 선정된 초기의 무명상태에 있는 경우에는 주지상표로 보호받을 수 없음은 명백하고 또한 상표품의 우수성이 널리 알려져서 일반 공중에 널리 상표가 알려진 저명상태에 있는 경우에 주지상표로 보호받을 수 있음도 명백하다. 문제는 상당수의 수요자에게만 알려진 상태이면 주지상표로서 보호받는 데 충분한 것인지 아니면 압도적 다수의 수요자에게 널리 알려진 상태에 있어야만 하는가이고 이에 관해서는 많은 논의가 있다. 또한, 상표법은 "수요자간에 현저하게 인식되어 있는 상표"라는 표현을 사용하고 있는 데 반해서 부정경쟁방지법은 "국내에 널리 인식된 표지"라는 표현을 사용하고 있어서, 양법의 주지성 요건이 동일한 것인지 아니면 상이한 것인지에 관해서도 많은 논의가 있다.

우리 상표법이 등록주의와 선원주의를 채택하고 있다는 점과 상표등록의 기회가 있음에도 불구하고 상표등록을 하지 아니한 주지상표 보유자를 특별히 두텁게 보호할 필요가 없다는 점을 강조하면서, 상표법상 부등록사유로서의 주지상표는 압도적 다수의 수요자에게 널리 알려진 상태 내지 저명한 상태에 있는 상표에 한정되어야 한다고 주장하는 견해가 있다. 이러한 견해는 상표법에서의 주지성의 요건은 엄격하고 높게 책정되어야 하는 반면에 부정경쟁방지법에서의 주지성은 낮게 책정되어 상당수의 수요자에게 알려진 상태만으로 족하다는 해석론으로 연결된다.[7] 그러나, 이러한 해석론은 상표법과 부정경쟁방지법의 모순과 충돌만을 가져오는 불합리한 해석론으로, 우리 상표법이 獨逸의 상표법과 다르다는 점을 무시한 채 독일 상표법에 관한 해석론을 답습한 것이 아닌가 의문시된다.

전술한 바와 같이 상표법이 타인의 주지상표와 동일·유사한 상표의 등록을 금지하고 있는 것은 출처혼동을 방지하고 주지상표 보유자의 권리를 보호해주기 위한 것이고, 주지상표 보유자의 권리라고 함은 부정경쟁방지법에 의해서 주지상표 보유자가 자신의 주지상표에 관한 이익을 향유할 수 있는 지위 즉 부정경쟁방지법상의 권리 또는 넓은 의미의 상표권을 의미한다. 따라서, 부정경쟁방지법에 의해서 보호될 수 있는 주지성의 요건을 갖춘 주지상표는 상표법상 부등록사유로 규정된 주지상표라고 해석되고, 양법상 주지성의 요건을 달리 정해야 할 아무런 이유가 없다. 부정경쟁방지법이 주지상표를 보호하는 것은 상당수의 수요자들에게 알려진 주지상표를 허락없이 타인이 사용하는 경우에 출처혼동의 가능성이 있고 주지상표 보유자에게 영업상 이익이 침해될 가능성이 있기 때문이다. 출처혼동의 방지와 주지상표 보유자의 이익보호는 바로 상표법이 타인의 주지상표와 동일·유사한 상표의 등록을 금지한 규정을 둔 취지이기 때문에, 상표법에서 요구하는 주지성의 정도는 부정경쟁방지법에서 요구하는 주지성의 정도와 마찬가지로 상당수의 수요자들에 알려진 정도이면 족한 것이다.

만일 상표법상 주지성의 요건을 엄격하게 해석하는 견해에 따라서 상표법상 주지상표는 압도적 다수의 수요자에게 알려진 상표에 한정된다고 해석하게 되면 어떠한 차이가 생기는가? 압도적 다

7) 송영식 등 공저, 지적소유권법(하), 육법사, 139면 및 361면.

수의 수요자에게 알려진 주지상표의 경우에는 어떠한 견해에 의하더라도 해석상 아무런 차이가 없겠지만, 그러한 정도의 주지성 요건을 충족하지 못하지만 상당수의 수요자에게 알려진 상표의 경우에는 부정경쟁방지법상 보호될 수 있음에도 불구하고 상표법상 제3자에 의해서 주지상표와 동일·유사한 상표의 등록출원이 이루어진 경우에 그러한 제3자의 상표등록출원을 저지하거나 무효라고 주장할 수 없게 되는 불합리한 결과가 초래된다. 상당수의 수요자에게 알려진 정도의 주지성을 갖춘 상표의 보유자는 부정경쟁방지법상 보호될 수 있고 보호되어야 함에도 불구하고, 상표법상 제3자가 그와 동일·유사한 상표를 먼저 등록출원하는 것을 저지할 수 없을 뿐만 아니라 제3자의 상표등록이 이루어지고 나면 먼저 상표를 선택해서 먼저 주지성을 획득한 주지상표 보유자는 자신의 상표 사용이 제3자의 등록상표권을 침해하는 결과로 되고 따라서 주지상표 보유자는 궁극적으로 자신의 상표를 사용할 수 없게 된다. 이러한 결과는 상표법상 당연한 결과라고 말할 수 있을지 모르지만 부정경쟁방지법의 법목적에 반하는 결과이고, 상표법과 부정경쟁방지법의 모순을 초래하는 해석론의 결과이다.

법체계 내부에 모순가능성이 있으면 입법시에 미리 그 모순가능성을 해결하기 위한 규정 즉 모순가능한 법률간의 조화를 위한 규정을 두게 된다. 獨逸의 상표법은 주지성의 정도를 구별해서 압도적 다수의 수요자에게 널리 알려진 주지상표는 제3자의 상표등록을 저지할 수 있는 부등록사유로 규정하고 그러한 정도에 이르지 아니한 주지상표는 부등록사유에 해당되지는 않지만, 상표등록출원일 이전에 주지성을 갖춘 주지상표의 보유자는 관련 거래지역 내에서 계속적으로 자신의 주지상표를 사용할 수 있다고 규정하고 있다. 독일 상표법은 이와 같이 주지상표와 등록상표간의 우선순위에 관한 규정을 둠으로써, 미등록주지상표의 보호와 등록상표의 보호가 모순되지 않도록 하기 위한 규정을 두고 있다.[8] 요컨대, 미등록주지상표와 등록상표간의 우선순위에 관한 규정을 두고 있지 아니한 우리 상표법하에서 부등록사유로서의 주지상표의 주지성의 요건은 부정경쟁방지법상 보호되는 주지상표의 주지성의 요건과 마찬가지로 해석되어야 한다. 대법원은 타인의 주지상표가 登錄되어 있지 아니함을 알고 먼저 상표등록을 하여 상표권을 취득한 사건에서, 당해 상표의 登錄出願이나 상표권의 양수 자체가 부정경쟁행위를 목적으로 하는 것으로서 이는 상표법을 악용하거나 상표권을 남용한 것이 되어 상표법에 의한 적법한 권리의 행사라

8) 독일 상표법 (Markengesetz) 제4조 및 제6조.

Sec. 4. Trade mark protection shall accrue

1. by registration of a sign as a trade mark in the Register kept at the Patent Office;
2. through the use of a sign in the course of trade insofar as the sign has acquired a secondary meaning as a trade mark within the affected trade circles; or,
3. by notoriety as a trade mark within the meaning of Article 6bis of the Paris Convention for the Protection of Industrial Property (Paris Convention).

Sec. 6. Priority and Seniority

(1) Where, in the case of collision of rights within the meaning of Sections 4, 5 and 13, the seniority of rights is relevant under this Law for determining the priority of such rights, seniority shall be determined pursuant to subsections (2) and (3).

(2) For filed or registered trade marks the date of filing (Section 33(1)) shall be relevant for determining seniority or, where priority has been claimed pursuant to Section 34 or Section 35, the date of priority.

(3) For rights within the meaning of Section 4, Nos. 2 and 3, and Sections 5 and 13, the date of the acquisition of such rights shall be relevant for determining seniority.

(4) Rights having the same seniority pursuant to subsections (2) and (3) due to the same date shall rank equally and shall not establish any rights in respect of each other.

고 인정할 수 없고, 상표의 적법한 선사용자에 대한 不正競爭行爲에 해당될 수 있다고 판시하고 있다.[9] 상표법과 부정경쟁방지법의 관계에 대한 이러한 대법원의 판례는 주지상표와 동일유사한 상표의 등록을 무효로 하는 것과 마찬가지의 결과를 가져다 주기 때문에, 상표법상 부등록사유로서의 주지상표의 주지성은 요건은 부정경쟁방지법에서의 주지성 요건과 마찬가지로 보고 상당수의 수요자간에 알려진 정도 이상의 주지성이면 족한 것으로 해석하는 것이 더 타당하다는 결론을 뒷받침해준다.

2. 不正競爭防止法에 의한 商標의 보호[10]

商標法은 상표 등록단계에서 주지상표를 보호하지만 이러한 상표법상의 보호는 주지상표 보유자가 제3자에 의한 상표등록을 저지하거나 무효라고 주장할 수 있는 소극적인 보호임에 반해서, 不正競爭防止法은 주지상표 보유자에게 일정한 경우에 제3자의 무단사용에 대한 금지청구권과 손해배상청구권을 부여해주고 있는데 이러한 부정경쟁방지법상의 보호는 주지상표 보유자가 사실상 배타적으로 주지상표를 사용할 수 있도록 해주는 적극적인 보호라는 점에서 차이가 있다. 물론, 주지상표의 보유자가 자신의 상표를 상표법에 따라서 등록한 경우에는 상표법상의 상표권을 취득하게 되고 주지상표의 보유자는 상표법상의 상표권(좁은 의미의 상표권 또는 등록상표권)과 부정경쟁방지법상의 권리(넓은 의미의 상표권)를 모두 가지게 된다. 그러나, 주지상표의 보유자가 자신의 상표를 상

9) 대법원 1993.1.19. 선고 92도2054 판결.

10) 정상조, 주지상표의 보호—상표법과 부정경쟁방지법의 조화를 위한 제언, 서울대학교 법학 제43권 제4호 (2002.12), 129-170면.

표법에 따라 등록하지 아니한 경우에는 상표법상의 상표권은 취득할 수 없고 오직 부정경쟁방지법상의 권리를 행사할 수 있을 뿐이다.

부정경쟁방지법상의 권리는 상표법상 등록상표에 부여된 좁은 의미의 상표권과는 달리 출처혼동이 있을 수 있는 범위 그리고 자신의 영업상 이익이 침해될 수 있는 범위 내에서만 보호되는 권리에 불과한 것이다. 예컨대, 국내 사례 가운데 행정규제로 인해서 상호의 사용지역이 제한된다는 점이 혼동가능성을 판단함에 있어서 고려된 경우가 있는데, 약사법상 약국은 타처에 지점이나 대리점을 둘 수 없는 지역적인 제한을 받고 있어서 수원시에 소재하는 약국이 서울에 소재하는 보령약국이라는 상호를 사용하였다고 해서 서울소재 보령약국의 수원지점 또는 대리점처럼 행세한 것으로 볼 수 없기 때문에 양자간에 의약품의 판매에 있어서 영업상 활동에 혼동을 일으키게 하는 부정경쟁관계가 있다고 단정할 수 없다고 판시된 바 있다.[11)]

가. 周知商標의 보호

부정경쟁방지법은 타인의 주지상표와 동일・유사한 상표를 사용함으로써 혼동을 초래하는 행위를 금지하고 그에 대한 손해배상책임 등을 부과하고 있다. 부정경쟁방지법에 의한 상표의 보호가 상표법상의 상표보호와 어느 측면에서 유사하고 어느 측면에서 상이한지 알아보기 위해서, (1) 주지상표의 주지성, (2) 상표의 개념, (3) 동일・유사성, (4) 혼동의 개념에 대해서 차례대로 살펴볼 필요가 있다.

11) 대법원 1974.12.10. 선고 73도1970.

(1) 周知·著名性의 判斷基準

부정경쟁방지법상 주지·저명성은 상당수의 수요자간에 알려진 정도 이상의 주지·저명성이면 족하고, 그러한 주지·저명성 여부의 판단은 수요자의 입장에서 상표의 성질, 거래경로, 상당기간 상표를 사용한 사실, 사용방법과 내용, 사용횟수, 광고의 정도 등을 고려해서 판단한다. 예컨대 문제된 상품이나 영업의 종류와 성질에 따라서는 국내전반의 수요자들 모두에게 알려져 있어야 할 필요가 없이, 특정 지역의 수요자들에게만 알려져 있는 경우에도 주지상표로서 부정경쟁방지법에 의해서 보호될 수 있고,[12] 마찬가지로 상표법상 그러한 주지상표와 동일·유사한 상표의 등록은 동일·유사한 상품을 지정상품으로 해서는 등록할 수 없다. 예외적으로나마, 동일한 상표가 2개 이상의 지역에서 상이한 상품이나 영업에 관한 주지의 표지로 사용될 수도 있고 부정경쟁방지법에 의하여 각각 별도의 주지상표로 당해 지역에서 보호를 받을 수도 있을 것이다. 물론 전국적인 유통망이 발전된 오늘날, 영업표지와 달리 상품표지에 관해서는 지역적으로 한정된 둘 이상의 주지상표가 존재한다는 것이 현실적으로는 드문 것일 뿐이다.

周知·著名商標가 되기 위해서 당해 표지가 상품이나 영업에 직접 사용되고 있어야 할 필요는 없고 광고 등에 사용됨으로써 널리 인식된 경우도 포함된다고 해석된다. 그러나 상표의 사용이 곧바로 주지·저명성 획득으로 연결되는 것은 아니기 때문에, 광고에 의한 상표 사용으로 인하여 주지·저명성이 획득되었는지 여부는 별도의 판단이 필요하다. 우리 대법원은 국제적으로 널리 알려진 표지라고 하더라도, 그리고 당해 표지가 리더스다이제스트 및 타임즈 등 외국간행물에 게재선전되어 국내에 2회에 걸쳐 각 1만부 정도 배포되었다고 하더라도 그러한 정도의 광고만에 의하여

12) 대법원 1976.2.10. 선고 74다1989 판결.

당해 표지가 국내의 거래자나 수요자에게 널리 인식되어 있다고 볼 수 없다고 판시한 바 있다.[13)]

(2) 周知商標와 著名商標의 구별

상표법은 타인의 주지상표와 동일・유사한 상표는 그 타인의 상품과 동일・유사한 상품에 사용하는 상표로 등록할 수 없다고 규정하면서 다른 한편으로 타인의 상품이나 영업과 혼동을 일으키게 할 염려가 있는 상표는 상품의 동일・유사성을 묻지 않고 등록할 수 없는 것으로 규정하고 있다. 이러한 규정을 토대로 학계에서는 전자의 주지상표와 대비되는 개념으로 후자의 상표를 특히 저명상표라고 부르고 있다.[14)] 상표법은 상표의 동일・유사성 및 상품의 동일・유사성을 전제로 해서 상표권의 침해를 인정하고 있는데(상표법 제50조, 제66조), 왜 저명상표의 경우에는 상품의 동일・유사성이 없더라도 출처혼동의 가능성만 있으면 그와 동일・유사한 상표의 등록을 금지하고 있는가? 부정경쟁방지법은 저명상표와 동일・유사한 상표를 무단으로 사용함으로써 출처의 혼동을 초래하는 행위는 부정경쟁행위로 규정하고 저명상표의 보유자에게 금지청구권 및 손해배상청구권 등의 구제수단을 부여하고 있기 때문에, 상표법은 부정경쟁방지법과의 조화를 위해서 저명상표의 경우에 상품의 동일・유사성을 묻지 않고 출처의 혼동가능성이 있는 상표의 등록을 금지하게 된 것이라고 해석된다.

부정경쟁방지법에서는 주지상표와 저명상표의 구별이 전혀 없는가? 부정경쟁방지법은 명시적으로 주지상표와 저명상표를 구별하는 규정을 두고 있지는 않지만, 그 해석에 있어서 보호범위를 달리하게 될 것이다. 예컨대 주지상표의 경우에 주지성이 약하면

---

13) 대법원 1981.2.24. 선고 80다1216 판결.

14) 송영식 등 공저, 전게서, 144면.

상품이 동일・유사한 경우에 한해서 출처의 혼동이 발생할 것이고, 저명상표의 경우에 그 저명성이 강하면 상품의 유사성 여부에 관계없이 출처의 혼동이 발생할 수 있다는 점에서, 부정경쟁방지법하에서도 주지상표와 저명상표의 보호범위는 현실적으로 달라질 수밖에 없다.

특히, 부정경쟁방지법상 稀釋化(dilution)금지를 주장하기 위해서는 상표가 주지성의 정도를 넘어서 희석화로부터 보호받을 만한 가치가 충분한 저명성을 갖추고 있음을 입증해야 한다.[15] 뿐만 아니라 희석화금지규정에서 요구되는 저명성은 상표법상 부등록사유에서 규정된 상표의 저명성과 비교하더라도, "수요자간에 현저하게 인식되어 있는 타인의 상품이나 영업과 혼동"(상표법 제7조 1항 10호)을 요건으로 한 부등록사유에서의 상표의 저명성보다는 높은 수준의 저명성이 요구된다. 상표법상의 부등록사유에서 타인의 상품이나 영업과의 혼동을 요구하고 있는 경우에는 출처혼동을 일으킬 수 있는 범위 내의 수요자와 지역적 범위 내에서만 저명하면 족한 것이지만, 희석화금지규정에서 요구되는 저명성은 출처혼동이나 경쟁관계의 존재 여부에 관계없이 널리 보호해줄 만큼의 높은 수준의 저명성이 요구되기 때문이다.[16]

(3) 商標의 개념

부정경쟁방지법은 주지의 "성명・상호・상표・상품의 용기・포장 기타 타인의 상품임을 표시한 표지" 또는 "기타 타인의 영업임을 표시한 표지"와 동일하거나 이와 유사한 것을 사용해서 혼동

15) 서울고등법원 2003.1.22. 2002라293 결정(Korea First Bank 사건). 현재 대법원 2003마323 사건으로 계류중임.

16) Handler, Are the State Antidilution Laws Compatible with the National Protection of Trademarks?, 75 Trademark Rep. 269 (1985).

을 초래하는 것을 금지하고 있다. 부정경쟁방지법상의 보호대상이 "성명·상호·상표·상품의 용기·포장 기타 타인의 상품 또는 영업임을 표시한 표지"로 규정되어 있어서 상표법상의 상표와 다소 상이한 것으로 오해될 수도 있다. 그러나, 성명, 상호, 상품용기, 포장 등이 모두 상표법상 자신의 상품이나 영업을 타인의 상품이나 영업과 구별하기 위해서 사용하는 상표로 사용될 수 있는 것이다. 상표법도 입체적 형상을 상표로 등록할 수 있도록 허용하고 있으므로 부정경쟁방지법상 보호되는 주지의 상품용기나 포장도 상표법상의 입체적 상표에 해당된다고 볼 수 있다.[17] 따라서, 부정경쟁방지법상의 보호대상과 상표법상의 보호대상으로서의 상표의 개념은 형식적인 표현의 차이에도 불구하고 동일한 것으로 해석되고, 양법의 입법취지에 비추어 동일한 개념으로 취급되어야 한다.

나. 商標의 類似性 및 出處의 混同

(1) 商標의 類似性

타인의 주지상표와 동일·유사한 상표의 사용을 금지하는 것은, 그 주지상표 보유자의 권리 또는 상표에 대한 경제적 이익이라고 하는 私益의 보호와 중복등록이 초래하는 수요자의 出處混同의 방지라고 하는 公益의 보호를 그 취지로 삼고 있는 것이다. 따라서, 상표의 유사성과 출처의 혼동은 동전의 양면과 같은 관계에

---

17) 옥시크린 제품용기의 형태와 색상 및 문자의 전체적인 결합이 옥시화이트의 용기와 유사해서 혼동을 초래할 수 있다고 판단하고 부정경쟁행위의 성립을 인정한 서울지법 1999.9.10. 선고 98가합109742 판결을 보더라도, 부정경쟁방지법상의 보호대상이 상표법상 상표로 보는 "記號·文字·圖形·立體的 形狀·홀로그램·동작 또는 이들을 結合한 것 또는 그 밖에 시각적으로 인식할 수 있는 것"과 동일한 개념임을 알 수 있다.

있다고 말할 수 있다. 이러한 맥락에서, 우리 판례에 의하면 상표의 유사성이란 거래의 경험칙에 비추어 보아 상표의 외관, 칭호, 관념이 유사하거나 어느 하나 이상이 근사한 결과 이들 상표가 거래자나 일반 수요자에게 혼동을 일으킬 염려가 있는 것을 뜻한다. 대법원은 상표의 유사여부를 판단함에 있어서 전체적, 이격적, 객관적 및 要部觀察과 分離觀察의 방법을 따르고 있다. 먼저 전체적 관찰이란 상표를 전체로서 관찰하여 그 외관, 칭호, 관념을 비교·검토하는 방법을 말한다. 두 번째로 이격적 관찰이란 상표를 별도의 기회에 별개의 장소에서 대하였을 때 다른 상표에 대한 유사감을 불러 일으킬 수 있는지 여부를 관찰함을 의미한다. 세 번째로 객관적 관찰이란 상표의 유사여부에 관한 법원의 주관적 판단 대신에 소비자로 하여금 출처의 혼동을 일으키게 할 만큼 유사한지 여부를 객관적으로 판단해야 한다는 것을 뜻한다.[18] 따라서 유사성의 판단은 출처혼동의 방지와 영업상 신용의 보호라고 하는 법목적을 반영한 법률적 판단으로서의 성격을 가지고 있다. 네 번째로 요부관찰이란 전체적 관찰에 보충적으로 사용되는 방식으로, 상표의 중심적 식별력을 가진 요부를 추출하여 두 개의 상표를 대비함으로써 유사여부를 판단함을 말한다. 다섯 번째로 분리관찰이란 하나의 상표에서 두 개 이상의 칭호, 관념을 생각할 수 있는 경우에 그 중 하나의 칭호, 관념이 타상표의 칭호, 관념과 유사한 경우에 두 상표를 유사한 것으로 판단하는 방법을 말한다. 이러한 유사성의 판단에 있어서 궁극적인 기준이 되는 것은 그러한 유사성으로 인해서 수요자간에 출처의 혼동이 야기되었는지 여부라고 볼 수 있다.[19]

18) 대법원 1988.1.12. 선고 86후77 판결.

19) 대법원 1999.7.23. 선고 98후2382 판결.

(2) 出處의 混同

출처의 혼동은 부정경쟁행위의 성립요건에도 해당되지만 상표법상 저명상표와 출처혼동을 초래할 상표의 등록을 금지하고 있는 부등록사유의 하나로도 되어 있다.[20] 현실적으로 아주 중요한 요건에 해당된다. 혼동의 개념에는 협의의 혼동과 광의의 혼동이 있다. 협의의 혼동이란 상표의 외관, 칭호, 관념 등 구성상의 동일·유사성으로 인해서 생기는 상표 자체의 혼동이나 상품의 출처에 관한 혼동을 의미한다. 광의의 혼동이란 상표가 비슷하기 때문에 당해 상품의 출처가 상표보유자와 특수한 관계에 있는 것처럼 구매자에 의해 오인되는 경우를 말한다. 현행 상표법 및 부정경쟁방지법이 사용하고 있는 혼동의 개념은 이러한 광의의 혼동을 포함하고 있는 것으로 해석된다. 타인의 상품 또는 영업 자체의 혼동뿐만 아니라 어떠한 관계가 있는 것처럼 오인케 하는 경우에도 궁극적으로 당해 주지상표를 보유한 자의 명성과 소비자의 신뢰를 부당히 이용하는 것이기 때문이다.

출처의 혼동 여부를 판단함에 있어서는 상표의 주지성(Strength of mark), 상표의 유사성(Degree of similarity), 사용되는 상품 또는 영업의 인접성(Proximity of products), 수요자의 현실적인 혼동여부(Actual confusion),[21] 피고의 상표선정에 있어서의 선의 여부(Defendant's good faith in adopting its own marks) 등의 요소를 고려할 수 있다.[22] 예컨대 저명상표의 경우에는 품질의 우수성과 상표보유자의 명성으로 인하여 일반 수요자들에게 절대적인 신뢰를 획득하고 있으므

20) 상표법 제7조 제1항 제9호, 제10호.

21) 상표등록시 출원인이 현실적으로 상표를 사용하고 있어야 할 필요는 없기 때문에, 상표등록출원의 심사에 있어서는 현실적인 혼동여부는 판단할 수 없겠지만, 부정경쟁행위의 성립여부의 판단에 있어서는 중요한 판단요소가 된다.

22) McGregor Doniger v. Drizzle, 599 F.2d 1126 (2nd Cir. 1979).

로, 어느 상표가 저명상표와 약간만 근사하여도 상품의 출처에 관한 결합관계가 즉시 연상된다.[23] 따라서 주지성의 강약에 따라서 혼동가능성의 범위가 달라지고 주지성이 강하면 강할수록 보다 넓은 범위의 상품에까지 혼동의 가능성이 인정될 수 있다.

대법원은 혼동 초래 여부를 판단함에 있어서, '영업주체의 지리적 위치, 종전의 관계, 표지를 선택한 동기, 표지에 나타난 악의, 영업주체의 대비' 등 전체적 사정을 고려하고 있다.[24] 이러한 판단요소는 상표법상의 상표의 유사 여부를 판단할 때에는 고려할 필요가 없는 요소이다. 이러한 점에서 부정경쟁방지법상의 출처혼동과 상표법상의 상표의 유사성에 관한 판단은 상이한 결론에 도달할 수 있는 여지가 있다. 그러나, 표지의 유사성은 혼동 초래에 직결되는 강력한 판단근거가 된다는 점을 부인할 수 없다.

(3) 稀釋化

부정경쟁방지법은 기본적으로 출처의 혼동으로 인한 소비자의 피해를 방지하는 것을 주된 목적으로 해서 출발했지만, 아주 저명한 상표의 경우에는 그러한 출처혼동이 없어도 제3자가 허락 없이 동일·유사한 상표를 사용해서 저명상표의 가치 자체를 약화시키거나 손상케하는 것도 금지하게 되었다. 이와 같이 출처의 혼동은 없지만 저명상표의 식별력을 약화시키거나 그 명성을 손상케 하는 것을 "商標의 稀釋化(dilution)"라고 한다. 부정경쟁방지법상 희석화는 상표의 동일·유사성은 요건으로 하고 있지만 출처의 혼동은 필요로 하지 않고 희석화의 추가요건으로 "식별력의 약화(blurring)" 또는 "명성의 손상(tarnishment)"이 요구된다.[25] 다만 우리

---

23) 대법원 1985.8.20. 선고 82후27 판결; 대법원 1986.6.10. 선고 83후41 판결; 대법원 2000.5.12. 선고 98다49142 판결.

24) 대법원 1976.2.24. 선고 73다1238 판결.

부정경쟁방지법은 상표의 식별력이나 명성을 손상하게 하는 행위를 부정경쟁행위로 규정하고 있어서 마치 식별력의 약화는 배제하고 있는 것처럼 오해할 수 있다.[26] 그러나 희석화금지규정의 취지가 저명상표의 식별력과 명성이 상표권자의 재산에 해당된다는 것을 전제로 해서 그러한 식별력과 명성을 보호하기 위한 것이기 때문에, 부정경쟁방지법이 규정하고 있는 "식별력의 손상"에는 식별력의 약화를 포함한다고 해석하는 것이 타당하다. 저명상표의 식별력 약화가 가장 전형적인 형태의 상표손상이기 때문이다. 따라서 현행 부정경쟁방지법의 희석화금지규정은 저명상표의 명성의 손상 뿐만 아니라 식별력의 약화도 금지하고 있는 것으로 해석된다. 다만 후술하고 있는 바와 같이 희석화의 판단기준에 있어서 구체적인 손해(actual harm) 또는 희석화의 결과가 있는지 여부를 기준으로 할 것인지 아니면 희석화의 가능성(likelihood of dilution)만을 기준으로 할 것인지에 대해서 많은 논란이 있는데, 우리 부정경쟁방지법은 손상이라는 표현을 사용함으로써 희석화의 가능성만으로는 부족하고 희석화라고 하는 구체적인 손상이 있어야 한다는 점을 강조하고 있는 것으로 해석된다.

i) 식별력의 약화　　부정경쟁방지법은 식별력의 손상이 명성의 손상과 마찬가지로 부정경쟁행위에 해당된다고만 규정하고 있을 뿐이고, 구체적으로 무엇이 식별력의 손상에 해당되는지에 대해서는 아무런 규정을 두고 있지 않다. 우리 부정경쟁방지법에서의 식별력의 손상 또는 영미법에서의 식별력의 약화(blurring)는 아주 추상적이고 애매모호한 개념인데, 굳이 설명하자면 "상품이나 서비

---

25) 부정경쟁방지법 제2조 제1호 다목; 미국연방상표법 15 USC §1127 참고.

26) 대한민국 국회, 부정경쟁방지및영업비밀보호에관한법률 중 개정법률안 심사보고서(2001. 1.), 4면은 식별력의 약화 또는 희석화의 개념의 애매모호성을 이유로 그 성문화 여부에 관한 논란이 있었음을 잘 보여주고 있다.

스를 식별하게 하고 그 출처를 표시하는 저명상표의 힘이나 기능이 감소하는 것"[27]이나 "경쟁관계에 없는 상품(non-competitive goods)에 사용됨으로써 수요자들에게 단일한 출처표시로 인식될 수 있는 식별력이 사라져가는 것"[28]을 의미하는 것이다. 희석화를 지나치게 넓게 인정할 경우에 상표권의 가치보호에는 도움이 되겠지만, 상표의 과잉보호에 의해서 자유로운 경쟁이나 상업적 표현의 자유를 침해할 수 있다는 위험성을 내포하고 있기 때문에[29] 희석화의 요건을 둘러싼 판단의 어려움과 논란이 제기되어 왔다.

저명상표와 동일·유사한 상표가 사용되면 수요자들은 침해상표의 출처가 저명상표의 출처와 동일하거나 후원관계에 있다고 혼동을 일으킬 수도 있지만, 전혀 상이하거나 경쟁관계가 없는 상품이나 서비스에 사용되면 그러한 출처혼동은 없더라도 저명상표의 상품과 침해상품의 출처가 어떠한 관련을 가지고 있는지에 대해서 의문을 가지거나 추론을 하는 수요자들의 "연관성 인식(mental association)"이 생길 수 있다. 상표의 저명성이 높으면 높을수록 출처혼동이 없어도 수요자들에게 저명상표의 상품과 침해상품간의 상당한 연관성 인식이 생기게 되는데, 이러한 경우에 언제나 희석화가 발생한 것으로 볼 것인가 아니면, 연관성 인식으로 인해서 구체적으로 어떠한 손해가 발생한 경우에 한해서 희석화가 발생한 것으로 볼 것인가의 문제는 아주 어렵고도 핵심적인 문제이다. 만일 저명상표와 동일하거나 아주 유사한 상표를 사용함으로써 언제나 식별력의 약화가 초래된다고 보면, 이는 자유

---

27) 미국연방상표법(Lanham Act) 제45조(15 U.S.C. §1127)도 유사한 개념정의를 두고 있다.

28) Frank I. Schechter, The Rational Basis of Trademark Protection, 40 Harv. L. Rev. 813(1927) recited from David S. Welkowitz, op. cit., p.229.

29) 서울고등법원 2003.1.22. 2002라293 결정; Bean, Inc. v. Drake Publishers, Inc., 811 F. 2d 26.

로운 경쟁과 표현의 자유를 해할 위험성이 있고 희석화금지규정의 지나친 확대적용이 될 수 있다. 따라서 침해상표의 사용으로 인해서 수요자간에 저명상표와의 상당한 연관성을 인식하게 할 뿐만 아니라 저명상표가 그 보유자의 단일한 출처표시(unique identifier)로서의 힘 또는 고객흡인력이나 판매력(selling power)을 상실케 한 경우에 한해서 식별력의 약화가 인정되어야 한다.

어떠한 판단기준으로 식별력의 약화를 인정할 것인지의 문제는 희석화금지규정의 취지에 대한 시각에 따라서 크게 달라질 수 있는 문제이고, 궁극적으로는 법정책의 구체적인 집행기관인 법원의 철학과 사실판단에 따라서 크게 달라질 수 있는 문제이다. 우리 몇몇 하급심 판례는 구체적으로 식별력의 약화에 관한 판단기준을 언급한 바가 없어서 그 입장을 분석하기 어렵고,[30] 미국의 연방법원의 판례를 보면 저명상표의 판매력의 감소 또는 구체적인 경제적 손실이 있는 경우에 한해서 식별력의 약화를 인정하는 신중론[31]이 있는가 하면, 다른 한편으로 저명상표의 명성에 편승하려는 경우에 널리 식별력의 약화가능성을 근거로 희석화를 인정하는 보호론[32]도 있어서 희석화의 인정범위에 관한 치열한 논쟁을 잘 반영해 주고 있다. 그러나 희석화금지규정을 두고 있는 州法(state statutes)과는 달리 연방상표법은 명시적으로 현실적인 희석화가 있는 경우에 한해서 그 책임을 부과하고 있고, 미국 연방대법원도 연방상표법의 엄격한 기준을 확인한 바 있다.[33] 그러나, 미국

30) 서울고등법원 2001. 12. 11. 선고 99나66719 판결; 위 2002라293 결정.

31) Ringling Bros.-Barnum & Bailey Combined Shows, Inc. v. Utah Div. of Travel Dev., 170 F.3d 449, 50 U.S.P.Q. 2d 1065(4th Cir. 1999); Federal Express Corp. v. Federal Expresso, Inc., 201 F.3d 168(2d Cir. 2000).

32) Nabisco, Inc. v. PF Brands, Inc., 191 F.3d 208(2d Cir. 1999); Eli Lilly & Co. v. Natural Answers, Inc., 233 F.3d 456(7th Cir. 2000).

33) Victor Moseley and Cathy Moseley v. V Secret Catalogue, Inc., 123 S.Ct.

연방대법원의 엄격한 기준에 대해서 사실상 희석화금지가 어려워진 것이 아닌가 하는 의문이 제기된 바 있고, 미국 연방의회는 2006년 희석화의 가능성만으로도 희석화를 금지할 수 있음을 명백히 하고 특히 희석화로 인해서 경제적 손실이 발생했는지 여부와 무관하게 희석화를 금지할 수 있다고 규정하는 상표법 개정을 하게 되었다.[34)]

우리 부정경쟁방지법은 어느 정도로 희석화의 입증을 해야 하는지에 관해서 분명하지 않지만, 우리 경제가 저명상표의 지나친 보호강화로 얻는 이익보다 자유로운 경쟁과 상업적인 표현의 자유를 보호함으로써 얻는 사회적 이익이 더 크다는 점을 고려해볼 때, 식별력 약화의 인정에 엄격하고 신중한 기준을 채택하는 것이 바람직하다고 생각된다.

ii) 需要者의 注意 정도　　전술한 바와 같이 식별력 약화의 판단기준 또는 고려요소로서 여러 가지가 제시되고 있는데, 식별력의 약화 여부에 중요한 변수로 작용하는 "수요자들의 인식"이 문제된 수요자층의 注意(consumers' sophistication) 정도에 크게 좌우될 수 있다는 점을 주목할 필요가 있다. 다시 말해서 수요자들이 상품에 대한 판단에 신중하고 출처표시에 정확한 정보를 많이 확보하고 있는 경우에는 저명상표와 동일·유사한 상표가 사용된다고 하더라도 식별력의 약화가 일어나지 않을 수도 있다. 수요자층의 주의정도가 식별력의 약화 여부에 어떠한 영향을 미치는가에 대한 국내 사례는 찾기 어렵지만, 미국 사례는 다수 있기 때문에 여기에서는 미국 사례를 소개하고 그로부터 시사점을 찾고자 한다.

Mead Data Central, Inc. v. Toyota Motor Sales, U.S.A., Inc.[35)]사

1115, 537 U.S. 418, 155 L.Ed.2d 1(Supreme Court, 2003).

34) 15 U.S.C. §1125(c).

35) 875 F.2d 1026 (2d Cir. 1989).

건에서, 변호사들은 법률정보서비스에 관해서 많은 정보를 확보하고 있고 고액의 상품을 구입할 때에는 많은 주의를 기울여서 신중한 구매결정을 하게 되기 때문에, 고액의 자동차의 표장으로 "Lexus"를 사용한다고 해서 거의 대부분의 미국 변호사들에게 잘 알려진 법률데이터베이스의 저명상표 "Lexis"와 혼동을 초래하거나 희석화되었다고 볼 수 없다고 판시된 바 있다. 미국 사례들을 보면 수요자층의 전문지식이나 상품의 고가성으로 인해서 수요자가 상품구매 또는 출처표시의 확인에 높은 수준의 주의를 기울이는 경우에는 출처혼동의 가능성이 상대적으로 적다고 판시되고 있는데,[36] 이는 식별력의 약화에 관한 판단에서도 그대로 유추해볼 수 있는 요소일 것이다. 본래 희석화는 출처혼동이 없는 경우에도 저명상표의 식별력이나 명성과 같은 경제적 가치를 보호하기 위해서 발전해온 개념인데, 수요자층이 높은 수준의 주의를 기울여서 출처의 혼동 가능성이 적다고 해서 어떻게 희석화의 가능성도 줄어든다고 말할 수 있는가에 관해서는 약간의 의문이 제기될 수 있다.

iii) 名聲의 損傷 희석화는 식별력의 약화 또는 명성의 손상에 의해서 이루어진다. 名聲의 損傷(tarnishment)이라고 함은 저명상표와 동일·유사한 상표를 저급한 상품이나 음란 기타 불법적인 상품에 사용함으로써 저명상표의 명성이나 신용을 감소케 하는 것을 의미한다. 가장 흔한 형태의 명성손상은 저명상표를 음란한 상품이나 성인의 쾌락을 제공하는 서비스에 사용하는 경우에 인정된다.[37] 식별력의 약화에서도 표현의 자유와의 관계를 살펴보아야 하겠지만, 명성의 손상은 특히 판단주체의 가치관에 따라서 그 결

36) McGregor-Doniger Inc. v. Drizzle Inc., 599 F.2d 1126 (2d Cir. 1979); Weiss Assoc., Inc. v. HRL Assoc., Inc., 902 F.2d 1546 (Fed.Cir. 1990).

37) Community Federal Savings & Loan Ass'n v. Orondorff, 678 F.2d 1034 (11th Cir. 1982).

론이 달라지는 문제이기 때문에, 표현의 자유와 희석화의 관계를 어떻게 보는가에 따라서 명성의 손상을 인정하는 범위도 크게 달라질 수 있다. 특히 비영리적 패러디의 목적으로 저명상표를 사용한 경우에는 명성의 손상을 인정하기 어렵다.[38]

iv) 商標法과의 관계 부정경쟁방지법이 출처혼동이 없더라도 주지상표의 식별력이나 명성을 손상하게 하는 소위 稀釋化(dilution)를 부정경쟁행위에 해당한다고 규정한 것은, 주지상표 보유자의 사익보호라는 점에서 부정경쟁방지법과 상표법이 동일한 기능을 수행하고 있다는 것을 확인해주는 것이다. 상표법과 부정경쟁방지법의 관계를 설명함에 있어서 흔히 상표법의 법목적은 상표의 명성과 신용이라고 하는 私益의 보호를 주된 수단으로 해서 산업발전에 이바지하는 것인 데 반해서 부정경쟁방지법의 법목적은 出處混同의 방지를 주된 수단으로 해서 거래질서를 유지하고자 하는 유사성과 차이점을 가지고 있다고 한다.[39] 그러나, 희석화를 금지하는 규정을 통해서 부정경쟁방지법은 수요자보호라거나 공정한 거래질서 유지와 마찬가지로 상표의 명성과 신용이라고 하는 사익의 보호를 똑같은 비중으로 추구하고 있다는 점을 분명히 하고 있다. 이러한 맥락에서 보면, 주지상표의 보호에 관한 한, 부정경쟁방지법은 상표법과 그 보호요건에 있어서의 차이가 있을 뿐이고 그 법목적에 있어서는 동일하거나 극히 유사하다고 말할 수 있다.

---

38) 우리 부정경쟁방지법 제2조의 희석화금지규정은 명시적으로 "비상업적 사용"이 제외된다고 규정하고 있고 비영리적 패러디는 희석화금지의 대상에서 제외된다고 판시한 미국 연방법원의 판결도 있다: L.L.Bean, Inc. v. Drake Publishers, Inc., 811 F. 2d 26 (1st Cir. 1987).

39) 상표법 제1조 및 부정경쟁방지법 제1조; 송영식 등 공저, 지적소유권법(하), 육법사, 354면.

(4) 不正競爭行爲로서의 인터넷주소 先占

인터넷주소의 선점에 관해서도 출처혼동 이외의 다른 요건을 규정하고 있다. 우선, 인터넷주소의 분쟁해결에 관하여 2004년 1월에 부정경쟁방지법이 개정되어,[40] "도메인 이름"이라 함은 인터넷상의 숫자로 된 주소에 해당하는 숫자·문자·기호 또는 이들의 결합을 말한다고 하는 개념정의 규정이 새로 도입되었다. 또한, 개정 부정경쟁방지법 제2조 1호 아목은 부정경쟁행위의 유형을 추가해서, "정당한 권원이 없는 자가 다음 어느 하나의 목적으로 국내에 널리 인식된 타인의 성명·상호·상표 그 밖의 표지와 동일하거나 유사한 도메인 이름을 등록·보유·이전 또는 사용하는 행위, (1) 상표 등 표지에 대하여 정당한 권원이 있는 자 또는 제3자에게 판매하거나 대여할 목적, (2) 정당한 권원이 있는 자의 도메인 이름의 등록 및 사용을 방해할 목적, (3) 그 밖의 상업적 이익을 얻을 목적"이라고 규정하게 되었다. "국내에 널리 인식된"이라는 요건이 충족되어야 하므로, 등록되어 있지만 주지되어 있지 아니한 상표에 대하여 부정한 목적으로 도메인 이름을 등록 또는 사용하는 행위에 대하여는 부정경쟁방지법이 적용되지 않는다. 이러한 인터넷주소의 선점은 부정경쟁행위의 하나로 규정되어 있지만 출처의 혼동을 필요로 하지 않고 인터넷선점에 관한 독특한 부정경쟁행위 요건을 별도로 정하고 있다는 점에서 기존의 상표보호와 상이한 취지와 요건의 부정경쟁행위에 해당된다.

흥미로운 사실은 부정경쟁방지법에 규정된 인터넷주소의 선점과 유사한 행위유형이 인터넷주소자원법에도 규정되었다는 점이다.[41] 왜 인터넷주소자원법이 부정경쟁방지법과 중복해서 인터넷주소의 선점에 관한 규정을 두게 되었는지 이해하기 어렵다. 인

40) 개정 2004.1.20. 법률 제7095호.

41) 인터넷주소자원에 관한 법률 (제정 2004.1.29. 법률 제7142호).

터넷주소자원법의 관할부처가 인터넷주소분쟁조정위원회라고 하는 조직을 추가로 만든 것 이외에는 뚜렷한 중복적 입법의 이유를 찾아보기 힘들다.

다. 周知商標와 登錄商標의 竝存

주지상표에 대한 권리는 상표등록 여부에 관계없이 상표의 사용으로 인해서 수요자간에 형성된 주지의 출처표시에 관한 지위를 보호해주는 것이기 때문에, 주지성의 정도와 범위 및 내용에 따라서 동일한 상표가 2개 이상의 주지상표로 병존할 수 있고, 등록상표와도 병존할 수 있다. 주지상표가 먼저 존재하면 등록상표가 반드시 무효로 되어야 한다든지 아니면 그 반대로 등록상표권자가 언제나 주지상표의 사용금지를 청구할 수 있어야 하는 것은 아니다. 상표법과 부정경쟁방지법이 공히 추구하는 출처혼동방지의 견지에서 병존여부를 구체적으로 판단해보아야 할 문제일 뿐이다. 따라서, 제조업자 표시라거나 원산지 표시 등의 방법으로 출처혼동을 피할 수 있다면 周知商標와 登錄商標가 병존하면서 주지상표의 보유자에게 일정한 범위의 周知地域 內에서는 부정경쟁방지법에 의한 금지청구권을 인정하고 그 이외의 지역에서는 등록상표권자에게 상표법상의 금지청구권을 인정할 수도 있을 것이다.[42]

42) 송영식, 상표법상 부등록요건으로서의 주지・저명상표의 의의, 대한변호사협회지 98호 (1984.6) 16면.

3. 商標法과 不正競爭防止法의 상호관계[43)]

가. 機能과 法目的의 同一性

상표법은 등록을 전제로 해서 상표를 보호하는 데 반해서 부정경쟁방지법은 아무런 심사나 등록절차를 거치지 않고 일정한 요건을 갖춘 출처표시를 보호하고 일정한 행위유형을 금지하고 있다. 상품이나 서비스의 출처표시의 보호 또는 상품주체 및 영업주체의 명성과 그에 관한 소비자의 신뢰보호를 통해서 공정한 경쟁을 유도하는 기능을 수행한다는 점에 있어서는 상표법과 부정경쟁방지법이 동일하지만,[44)] 어떠한 경우에 그리고 어떠한 범위에서 상표의 명성과 소비자의 신뢰를 보호할 것인가의 방법에 있어서 양법은 차이가 있을 뿐이다. 상표법과 부정경쟁방지법이 출처표시의 보호를 통해서 공정한 경쟁을 유도하는 동일한 기능을 수행한다는 점은 양법의 법목적에 관한 규정을 보더라도 명백하다. 상표법은 "상표를 보호함으로써 상표사용자의 업무상의 신용유지를 도모하여 산업발전에 이바지함과 아울러 수요자의 이익을 보호함"[45)]을 목적으로 한다고 규정하고 있고, 부정경쟁방지법은 "국내에 널리 알려진 타인의 상표・상호 등을 부정하게 사용하는 등의 부정

43) 정상조, 주지상표의 보호—상표법과 부정경쟁방지법의 조화를 위한 제언, 서울대학교 법학 제43권 제4호 (2002.12), 129-170면.

44) 부정경쟁방지법은 상품이나 서비스의 출처표시 뿐만아니라 영업비밀도 보호하고 있기 때문에 그러한 한도에서 그 전체적인 기능은 상표법의 기능과 다르지만, 상품이나 서비스의 출처표시를 보호하는 기능에 한정해서 비교해본다면 동일한 기능을 상이한 방법으로 수행하고 있다고 말할 수 있다. 丁相朝, 지적재산권법, 홍문사, 467-472면 및 宋永植 등 공저, 지적소유권법(하), 육법사, 399면.

45) 상표법 제1조.

경쟁행위와 타인의 영업비밀을 침해하는 행위를 방지하여 건전한 거래질서를 유지함"[46]을 목적으로 한다고 규정하고 있다. 다시 말해서, 상표법이 상표의 보호를 통해서 그 보유자의 신용과 수요자의 이익을 보호하는 것은 궁극적으로 공정한 거래질서의 확립을 의미하는 것이고 부정경쟁방지법이 상표 등의 부정사용을 방지함으로써 건전한 거래질서를 유지하는 것은 상표 등의 부정사용의 방지에 의해서 상표 등의 보유자의 신용과 수요자들의 이익이 보호되기 때문에 가능한 것이고, 따라서 양법은 그 기능과 법목적을 같이 하는 것이다. 우리 헌법재판소도 상표법과 부정경쟁방지법은 모두 경쟁법의 성격을 가지는 것으로 영업상 혼동초래행위를 저지하고 공정한 경쟁을 유도하는 기능을 수행한다는 점에서 공통점을 가지고, 현실적으로 후자는 전자를 보완하는 기능을 수행하여 왔다고 해석한 바 있다.[47]

양법의 법목적을 어떻게 볼 것인가에 따라서 양법의 해석이 크게 달라질 수 있는데, 국내 학설과 헌법재판소의 견해에 의하면[48] 상표법은 상표권이라고 하는 사적인 재산권의 보호를 주된 목적의 일부로 삼고 있는 데 반해서 부정경쟁방지법은 수요자의 보호와 공정한 경쟁질서의 보호를 주된 목적으로 삼고 있다고 구별해서 설명하고 있다. 그러나, 출처표시 또는 표장의 보호에 한정해서 살펴보면 양법 모두 그 보호를 통해서 그 보유자의 명성과 수요자의 신뢰를 보호하고 더 나아가 공정한 경쟁질서를 확보하는 것을 목적으로 추구한다는 점에서 법목적상의 차이는 없다. 실제로 양법의 보호내용을 보면 그 법목적이 동일하다는 것을 쉽게 알 수 있다. 다시 말해서, 상표법은 등록된 상표에 대해서만 상표권을

46) 부정경쟁방지법 제1조.

47) 헌법재판소 2001.9.27. 99헌바77 결정.

48) 헌법재판소 2001.9.27. 99헌바77 결정.

부여하지만 동시에 등록여부에 관계없이 주지 또는 저명한 상표와 동일 또는 유사한 상표의 등록을 거절함으로써 주지저명상표에 관한 수요자의 출처혼동을 방지하고 공정한 경쟁질서를 확보하고자 하는 입법적 노력을 기울이고 있다.[49] 또한, 부정경쟁방지법은 저명상표의 식별력이나 명성을 손상케하는 행위를 금지함으로써 출처혼동 여부와 전혀 관계없이, 즉 수요자의 보호와 전혀 관계없이 저명상표보유자의 상표가치 또는 사적인 재산권을 보호하고 도메인이름의 등록 및 판매 등을 금지함으로써 출처혼동이 없어도 그로 인한 상표가치의 도용을 저지할 수 있게 되었다.[50] 따라서, 사적인 재산권의 보호에 중점을 두느냐 아니면 수요자의 보호와 공정한 경쟁질서의 보호에 중점을 두느냐를 기준으로 해서 양법을 구별하려고 하는 것은 더 이상 정확성을 가질 수 없고 시대착오적인 관념론에 불과한 것이다. 또한, 다음 항목에서 설명하는 바와 같이 상표법과 부정경쟁방지법의 탄생에 관한 영미에서의 경험과 변화의 역사를 살펴보아도, 양법이 동일한 뿌리에서 출발했고 동일한 법목적을 추구하는 법이라는 것을 확인할 수 있다.

나. 不正競爭防止法의 補充的 地位

이와 같이 그 기능과 법목적을 같이 하는 상표법과 부정경쟁방지법은 왜 두개의 실정법으로 탄생했고 서로 어떻게 역할분담을 하고 있는가? 기본적으로 상품이나 서비스의 출처표시라고 하는 넓은 의미의 상표에는 그 상품이나 서비스의 명성과 소비자의 신뢰가 화체되어 재산적 가치를 가지고 공정한 시장질서를 형성해주기 때문에, 그러한 상표를 허락없이 사용함으로써 타인의 명성을

49) 상표법 제7조.

50) 부정경쟁방지법 제2조 1호 다목 및 아목.

도용하는 것은 위법한 행위로 不法行爲에 해당된다고 볼 수도 있을 것이다. 다만, 구체적으로 어떠한 경우에 그리고 어떠한 범위에서 상표의 명성이 존재하고 보호할 가치가 있는 것인지가 불명확하기 때문에, 不正競爭防止法은 상품이나 서비스의 출처표시가 수요자간에 널리 인식되었는지 여부 즉 상표의 周知性과 출처혼동이나 原産地・品質의 誤認을 요건으로 하고 그 구제수단에 있어서도 損害賠償請求權뿐만 아니라 侵害禁止請求權 및 信用回復請求權 등을 부여해주고 있다. 이와 같이 사회적으로 違法性이 명백한 일정한 유형의 행위를 금지하고 그에 대한 구제수단을 부여하는 것에 의해서 商標保護의 기초는 형성된 것이고 商標法 제정의 출발점이 되기도 한다. 다시 말해서, 주지의 상표를 무단으로 도용함으로써 출처혼동을 초래하는 일련의 행위를 금지하고 그에 대해 적절한 구제수단을 부여함으로써 주지상표의 재산적 가치를 보호하고 공정한 시장질서를 유지할 수 있게 되는데, 이러한 不法行爲(passing off) 이론 또는 不正競爭防止法(unfair competition)이론이 선진외국에서의 상표권보호의 출발점이었고 상표법 제정의 토대가 된 것이다.[51)]

불법행위이론 또는 부정경쟁방지법이론은 상표보호의 기본적 수요는 충족시켜줄 수 있지만 그 요건으로서 요구되는 위법성 또는 주지성과 출처혼동의 여부 등의 판단이 어렵고 분쟁의 대상이 되기 쉬워서 법원에 가서야 비로소 해결되는 불명확성과 불확실성을 내포하고 있다. 따라서, 계속 반속되는 거래관계에서 명확성과 예측가능성을 높여주기 위해서, 일정한 요건을 갖춘 상표는 그 요건의 충족여부를 심사한 후 등록을 해주고 등록된 상표의 보유자는 전국적으로 일정한 효력을 가지는 상표권을 취득하게 해주는 商標法이 제정된 것이다.[52)] 우리나라에서는 부정경쟁방지법이나

51) Paul Goldstein, Copyright, Patent, Trademark and Related State Doctrines, (Foundation Press, 2000), pp. 55 and 340.

상표법 모두 성문법의 형태로 제정되어서 양법의 관계에 대해 많은 논란이 있지만, 영미의 입법례를 보면 普通法(common law) 또는 각주의 州法에 의해서 상표가 보호되어 오다가 상표법이 성문법 또는 연방법으로 제정되면서 부정경쟁방지법 이론이 거의 상표법에 흡수되었다. 따라서, 부정경쟁방지법 이론과 등록상표권의 보호와의 관계는 상표법에 이미 규정되어 있고, 어느 州에 독특한 부정경쟁방지법이 존재하더라도 그와 충돌하는 聯邦商標法에 우선할 수는 없다. 우리나라에서는 판례법과 성문법 또는 주법과 연방법의 구별이나 상표법 발전의 역사가 없고 상표법과 부정경쟁방지법이 별도의 성문법으로 제정되었지만, 상표법은 상표의 심사 및 등록을 전제로 해서 전국적으로 일정한 효력을 가진 상표권을 부여해줌으로써 상표의 효율적인 보호를 가능하게 해준다는 점에서 상표법은 특별법적인 지위에 있고, 따라서 상표법과 부정경쟁방지법의 관계가 문제시되고 양법의 적용결과가 모순되는 경우에는 특별법에 해당되는 상표법을 우선해서 적용하고 부정경쟁방지법은 補充的인 地位에 있는 것으로 해석된다. 우리 부정경쟁방지법이 상표법 등과의 관계에 관한 규정[53]을 둔 것은 바로 그러한 보충적 지위를 확인한 것이다.

---

52) 우리나라 부정경쟁방지법에서 주지의 상표에 대해 부여되는 보호가 전국적인 보호인지 여부에 대해서는 대법원의 입장을 알 수 없으나, 대법원 판례는 한결같이 부정경쟁방지법 제2조의 '국내에 널리 인식된 상표, 상호'라 함은 국내 전역에 걸쳐 모든 사람들에게 주지되어 있음을 요하는 것이 아니고, 국내의 일정한 지역적 범위 안에서 거래자 또는 수요자들 사이에 알려진 정도로써 족하다고 해석하고 있으므로 (대법원 1995.7.14. 선고 94도399 판결 참조), 주지의 상표에 주어지는 보호의 지역적 범위도 한정될 수 있음을 전제로 한 것이라고 보여진다. 따라서, 이론적으로는 지역적으로 한정된 주지성을 갖춘 동일한 상표 두 개 이상이 각각 상이한 지역에서 병존할 수 있다고 생각된다.

53) 부정경쟁방지법 제15조.

다. 未登錄商標의 보호에 관한 양법의 차이

부정경쟁방지법은 상표법과는 달리 그 보호대상을 등록된 상표에 한정하지 않고 등록여부와 관계없이 사실상 국내에 널리 인식된 타인의 성명, 상호, 상표 등을 사용하여 타인의 상품이나 영업과 혼동을 일으키게 하는 행위를 금지하고 있다.[54] 따라서, 부정경쟁방지법은 주지성을 갖춘 未登錄商標를 보호하는데, 미등록상표의 보호는 상표법에 규정되어 있지 않지만 상표법의 법목적에 반하거나 모순되는 것은 아니고, 우리 상표법과 부정경쟁방지법의 입법적 역할분담의 결과일 뿐이다.

상표법은 식별력이 없거나 특정인에게 독점시키는 것이 불합리하다고 판단되는 일정한 유형의 부등록사유를 규정하고 있는데, 그러한 부등록사유에 해당되어서 등록되지 못한 상표가 부정경쟁방지법에 의해서 보호될 수는 있는가? 이러한 모순은 상표법과 부정경쟁방지법이 동일한 기능과 목적을 가지고 출발한 법률이라는 점을 고려해볼 때 바람직하지 못한 모순이고, 상표법우선의 법칙 또는 부정경쟁방지법의 보충적 적용을 규정한 부정경쟁방지법 제15조에 의해서 부정경쟁방지법도 보호하지 않는 것이 현실적으로 불합리하다면 그것은 입법적으로 해결해야 할 과제인 것이다. 예컨대, 현저한 지리적 명칭은 상표법상 부등록사유에 해당되는데, 그러한 현저한 지리적 명칭으로 구성된 상표를 등록하지 않고 사용한 결과 수요자간에 특정 영업의 출처표시로 널리 인식된 경우에, 부정경쟁방지법이 그러한 주지의 출처표시를 보호한다면 상표법이 부등록사유로 규정한 취지와 모순될 것이다.[55] 따라서, 상표

---

54) 대법원 1996.1.26. 선고 95도1464 판결; 대법원 1981.9.22. 선고 81도649 판결; 대법원 1996.5.31. 선고 96도197 판결.

55) 대법원 1999.4.23. 선고 97도322 판결은 "종로학원"이 "종로"라고 하는 현

법과 부정경쟁방지법의 모순을 해결하기 위해서 2001년 2월 3일에 상표법이 개정되었고, 현저한 지리적 명칭으로 구성된 상표의 경우에도 상표등록출원 전에 널리 사용된 결과 수요자간에 특정인의 업무에 관련된 상품을 표시하는 것으로 현저하게 인식되어 있는 경우에는 상표등록을 받을 수 있게 되었다.[56] 요컨대, 상표법과 부정경쟁방지법을 적용한 결과가 상호모순되는 경우에, 부정경쟁방지법을 우선해서 적용함으로써 현실적으로 타당한 결과를 모색하려고 하는 것은 부정경쟁방지법 제15조의 규정의 취지에 반하는 것이고, 입법적으로 해결해야 할 과제인 것이다.

라. 登錄商標의 보호에 관한 양법의 차이

상표법의 규정에 따라서 상표등록을 하고 상표무효심판이 제기된 바도 없는 등록상표의 사용행위가 부정경쟁방지법하에서는 부정경쟁행위로 될 수 있는가?[57] 상표법은 부등록사유에 관한 규정을 통해서 주지상표를 보호하고 부정경쟁방지법은 주지상표의 보유자에게 일정한 경우의 무단사용에 대한 금지청구권과 손해배상청구권 등의 구제수단을 부여해줌으로써 주지상표의 보호에 관해서 상표법과 부정경쟁방지법은 모순없이 일응 효율적인 역할분담을 하고 있는 것처럼 보인다. 그러나, 어떠한 이유에서든지 주지

저한 지리적 명칭과 "학원"이라고 하는 보통명사로 구성되어 있지만 수요자간에 널리 인식된 제2차적 의미를 획득해서 수요자간에 특정인의 학원을 표시하는 것으로 널리 알려진 경우에 그와 유사한 서비스표를 사용하는 행위는 부정경쟁행위에 해당된다고 판시한 바 있다.

56) 상표법 제6조 제2항 (2001.2.3. 법6414호).

57) 대법원 2000.5.12. 선고 98다49142 판결; 대법원 1995.11.7. 선고 94도3287 판결 등은 적법하게 등록된 상표를 사용하는 행위도 부정한 경쟁의 목적을 위한 것이라면 상표권의 남용에 해당되고 따라서 상표법의 적용은 배제되고 부정경쟁방지법상의 부정경쟁행위에 해당될 수 있다고 판시하고 있다.

상표와 동일·유사한 상표가 제3자에 의해서 먼저 등록된 경우에, 등록상표의 보유자인 상표권자가 주지상표의 사용을 금지하게 되면 당해 상표의 선사용자인 주지상표 보유자를 보호하고자 하는 부정경쟁방지법의 취지에 반하고, 다른 한편 주지상표 보유자가 상표법에 규정된 무효심판청구를 하지 아니한 채 부정경쟁방지법에 따라 부정경쟁행위의 성립을 주장하며 등록상표의 사용을 금지하게 되면[58] 등록상표의 안정과 공신력을 파괴하게 되어 상표법의 취지에 반하게 되는 것이 아닌가 하는 의문이 제기된다. 다시 말해서, 주지상표와 동일·유사한 상표가 제3자에 의해서 먼저 등록된 경우에, 상표법은 商標登錄無效審判의 請求 및 審判請求의 除斥期間에 관한 규정을 둠으로써[59] 부정경쟁방지법과의 조화를 도모하고 있는데, 이러한 규정에 의하지 아니하고 주지상표나 등록상표의 사용을 금지할 수 있게 된다면 부정경쟁방지법 또는 상표법의 취지에 반하여 양법의 모순을 초래할 수 있기 때문이다. 다른 한편, 등록상표의 보유자라고 해서 주지상표의 보유자가 이미 많은 노력과 투자에 의해서 이룩해 놓은 신용을 가로채는 부정한 경쟁행위를 하도록 방임하는 것도 부정경쟁방지법이 추구하는 공정한 경쟁질서에 반하는 것이 아닌가 하는 의문이 든다.

상표법하에서 적법한 행위가 부정경쟁방지법하에서 불법행위로 될 수 있는지의 문제는 하나의 상표에 대해서 상표법과 부정경쟁방지법이 적용된 결과가 상호모순되기 때문에 생기는 문제이다. 따라서 양법이 모순 충돌된다면 解釋論상 어느 법이 우선되는지를 판단해야 하고 立法論的으로는 그러한 모순된 관계가 과연 타당한지 그리고 만일 타당하지 않다면 입법론적인 해결책은 무엇인지를 검토할 필요가 있다. 양법의 상호관계에 관한 해석론은 현행 법의

58) 이하에서 상술하는 대법원 2000.5.12. 선고 98다49142 판결 참고.
59) 상표법 제7조, 제71조 및 제76조.

규정으로부터 출발하게 되는데, 현행 상표법은 타인의 성명권, 상호권, 특허권, 저작권 등 타인의 권리와의 충돌을 조정하기 위한 규정은 두고 있으나 부정경쟁방지법과의 관계에 대해서는 별도의 규정을 두고 있지 않다.[60] 다른 한편, 현행 부정경쟁방지법 제15조는 "特許法, 實用新案法, 디자인보호법 또는 商標法에 제2조 내지 제6조 및 제18조 제3항의 규정과 다른 규정이 있는 경우에는 그 법에 의한다"고 규정하고 있다.[61] 양법의 관계가 가지고 있는 이러한 문제점을 극명하게 보여준 판결로 대법원 2000.5.12. 선고 98다49142 판결을 검토해 보기로 한다.

마. 대법원 2000.5.12. 선고 98다49142 판결

【사실 개요】

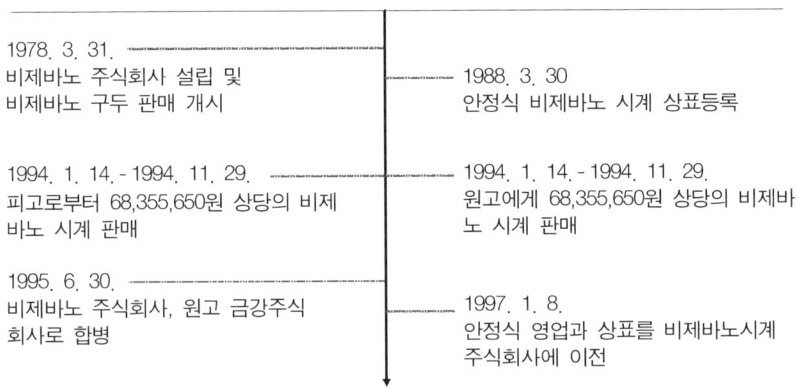

대법원 2000.5.12. 선고, 98다49142 판결

60) 상표법 제51조 및 제53조.

61) 구 부정경쟁방지법 제15조는 "特許法, 實用新案法, 意匠法, 商標法, 獨占規制및公正去來에관한法律 또는 刑法 중 국기·국장에 관한 규정에 제2조 내지 제6조, 제10조 내지 제14조 및 제18조 제1항의 규정과 다른 규정이 있는 경우에는 그 법에 의한다"고 규정하고 있다.

소외 주식회사 비제바노(이하 '소외 회사'라고 한다)는 1978.3.31. 경 원고 회사의 계열회사로 설립된 후 '비제바노, VIGEVANO'를 요부로 하는 표장을 사용한 구두 등의 제품을 제조·판매하여 오면서 전국의 백화점 및 시내 번화가에 직영점 또는 대리점을 개설하여, 그 매출실적이 1978년에는 약 금 12억 1,500만 원에 불과했으나 1987년에는 약 금 96억 1,300만 원에 이르기까지 증가되었고, 1995.6.30. 경 원고 금강제화(주)에 흡수합병되었는데, 그 무렵에는 약 금 678억 4,200만 원 상당을 매출하기에 이르렀다. 원고 금강제화(주)는 합병일 현재 상표등록이 유효하게 존속하고 있던 상표에 관한 권리를 승계하였다(이하 소외 회사 및 소외 회사의 위 각 상표에 관한 권리를 승계한 금강제화(주)를 통칭하여 '원고 회사'라고 한다).

다른 한편, 탈퇴 전 피고 안정식은 1988.3.30.경 시계류를 지정상품으로 하고 '비제바노'를 요부로 하는 표장에 관하여 상표의 등록출원을 하여 상표등록을 받고 그 표장을 부착한 시계제품(이하 '비제바노시계'라고 한다)을 생산·판매하여 왔고, 1994.1.14.경부터 같은 해 11.29.까지 총 6회에 걸쳐 원고회사에게 합계 금 68,355,650원 상당의 비제바노 시계를 납품해서 원고회사의 판매점 등을 통해서 판매한 바도 있다. 안정식은 1997.1.8. 피고인수참가인 비제바노시계(주)(이하 '피고 회사'라고 한다)에게 그 등록상표권을 이전하여 그 이후 피고 회사가 비제바노 시계를 생산·판매해 왔다.

탈퇴전 피고의 위 상표등록출원 당시에 이미 원고 회사의 상표는 일반 수요자나 거래자 사이에 원고 회사의 상표라고 인식될 정도로 널리 알려져 있었다고 주장하면서, 원고 회사는 피고 회사의 비제바노시계 제품의 생산·판매 행위는 부정경쟁행위에 해당하므로 그러한 부정경쟁행위의 금지 및 위 행위로 인한 조성물을 폐기할 것을 청구하는 소송을 제기했다.

【판결의 요지】

요지 1: 商標法과 不正競爭防止法의 관계

구 부정경쟁방지법 제15조는 상표법 등 다른 법률에 부정경쟁방지법과 다른 규정이 있는 경우에는 부정경쟁방지법의 규정을 적용하지 아니하고 다른 법률의 규정을 적용하도록 규정하고 있으나, 상표권의 등록이 자기의 상품을 타인의 상품과 식별시킬 목적으로 한 것이 아니고 국내에서 널리 인식되어 사용되고 있는 타인의 상표와 동일 또는 유사한 상표를 사용하여 일반 수요자로 하여금 타인의 상품과 혼동을 일으키게 하여 이익을 얻을 목적으로 형식상 상표권을 취득하는 것이라면 그 상표의 등록출원 자체가 부정경쟁행위를 목적으로 하는 것으로서, 가사 권리행사의 외형을 갖추었다 하더라도 이는 상표법을 악용하거나 남용한 것이 되어 상표법에 의한 적법한 권리의 행사라고 인정할 수 없으므로 이러한 경우에는 구 부정경쟁방지법 제15조의 적용이 배제된다고 할 것이다(대법원 1993.1.19. 선고 92도2054 판결, 1995.11.7. 선고 94도3287 판결 등 참조). 원심판결 이유를 위와 같은 법리와 기록에 비추어 살펴보면, 탈퇴전 안정식이나 피고 회사가 사용하고 있는 상표가 등록상표라고 하더라도 그 사용은 상표권의 남용에 해당한다는 이유로 상표법상 상표권자로서 보호받을 수 없다고 판단한 것은 정당하다고 판시되었다.

요지 2: 被告의 不正競爭行爲

저명한 상품표지와 동일 또는 유사한 상품표지를 사용하여 상품을 생산·판매하는 경우 비록 그 상품이 저명 상품표지의 상품과 다른 상품이라 하더라도, 한 기업이 여러 가지 이질적인 산업분야에 걸쳐 여러 가지 다른 상품을 생산·판매하는 것이 일반화된 현대의 산업구조에 비추어 일반 수요자들로서는 그 상품의 용도 및 판매거래의 상황 등에 따라 저명 상품표지의 소유자나 그와 특수관계에 있는 자에 의하여 그 상품이 생산·판매되는 것으로 인식하여 상품의 출처에 혼동을 일으킬 수가 있으므로, 구 부정경쟁방지법(1998.12.31. 법률 제5621호 「부정경쟁방지 및 영업비밀보호에 관한 법률」로 개정되기 전의 것, 이하 같다) 제2조 제1호 소정의 부정경쟁행위에 해당한다고 판시했다(대법원 1986.10.14. 선고 83후77 판결, 1988.12.27. 선고 87후7 판결, 1995.6.13. 선고 94후2186 판결, 1999.2.26. 선고 97후3975, 3982 판결 등 참조).

원심 법원은 원고 회사의 상표가 탈퇴전 피고 안정식이 상표등록을 할 무렵인 1988년도에 이미 주지·저명성을 획득하였다고 판단하고, 국내 제화업계 및 패션업체에서는 1980년대 중반부터 이른바 토탈패션의 경향에 따라 단순히 의류나 구두 또는 가방 등 그 업체 고유의 전문상품 생산·판매에만 그치지 아니하고 저명성을 가진 동일한 상표를 사용하여 의류, 구두, 피혁제품, 악세사리, 가방, 시계 등의 제품을 동시에 생산하여 동일 매장에서 판매하는 추세에 있는 실정이라는 점을 인정한 다음, 피고 회사가 그 등록상표를 사용하여 시계 제품을 생산·판매하는 경우 일반의 거래자나 수요자가 그 시계 제품이 원고 회사의 상표를 사용한 상품과 동일한 출처에서 나온 것으로 오인·혼동할 우려가 있다고 판단했고, 대법원은 그러한 원심법원의 판단에 심리미진, 채증법칙 위배, 이유불비 혹은 상표의 주지·저명성, 상품 주체의 오인· 혼동행위 등에 관한 법리오해의 위법이 없다고 판시했다.

요지 3: 原告의 不正競爭行爲

구 상표법(1990.1.13. 법률 제4210호로 개정되기 전의 것) 제8조 제1항 제3호가 상품의 산지를 보통으로 사용하는 방법으로 표시한 표장만으로 된 상표는 등록을 받을 수 없도록 규정하고 있는 바, 원고 회사의 상표인 "비제바노"가 이탈리아에 있는 구두의 산지인 도시의 이름이기는 하나, 일반 수요자나 거래자들에게 직관적으로 원고 회사의 상표가 갖는 관념이 원고 회사가 생산하는 제품의 산지를 표시한다고 인식되고 있다고 할 수 없어 기술적 표장에 해당한다고 할 수 없으므로 상표의 부등록사유에 해당한다고 할 수 없으므로, 위 상표가 위 법조 소정의 부등록사유에 해당함을 전제로 그 상표를 사용하는 것 자체가 부정경쟁행위에 해당한다는 피고의 위 주장은 더 나아가 판단할 필요 없이 이유 없다.

원고 회사가 최근 시계를 판매하기 시작하여 비로소 표지의 경합문제가 발생하였는데 안정식이 사용하는 표지에 대하여 보호가치 있는 상태에 도달하였음을 전제로 원고 회사가 혼동위험을 줄이기 위한 필요한 조치를 취하여야 할 의무가 있다고 주장하였음을 알 수 있으나, 안정식이 비제바노 시계를 생산·판매하는 것이 부정경쟁행위에 해당함은 위에서 본 바와 같은 이상 안정식의 상표사용이 보호가치 있는 상태에 도달하였다고 볼 수 없으므로, 원심이 피고의 위 주장에 대하여 판단을 유탈한 잘못이 있다고 하더라도 그와 같은 잘못은 판결 결과에 아무런 영향이 없다.[62]

【판결의 문제점】

이 사건에서 원고의 상표가 저명해서 피고가 그와 동일 또는 유사한 상표를 사용하는 행위가 부정경쟁행위에 해당될 수 있고,

62) 대법원은 또한 원고 회사가 안정식으로부터 일시적으로 비제바노 시계를 납품받아 그 중 일부를 판매한 사실에 대해서도, 그와 같은 사실만으로 원고 회사가 안정식에 대하여 상표의 사용을 용인한 것이라거나, 그러한 납품을 받은 이후에 상표권침해를 주장하는 것이 신의칙에 반한다고 볼 수 없다고 판시했다.

특히 원고의 저명 상품표지의 상품(구두)과 다른 상품 즉 시계에 대해서 사용하더라도 상품의 출처에 혼동을 일으킬 수가 있기 때문에 부정경쟁행위에 해당된다고 판시되었다. 상품의 출처에 혼동을 일으킬 수 있다고 하는 사실판단이 옳다는 것을 전제로 하더라도, 이 사건에서 피고가 사용한 상표는 특허청에 상표등록출원을 해서 적법하게 등록을 마친 상표라는 점에서, 피고의 등록상표의 사용이 「不正競爭防止 및 營業秘密保護에 관한 法律」(이하에서는 "부정경쟁방지법"이라고 약칭함)하에서 부정경쟁행위에 해당된다고 보는 것은, 상표법상의 상표등록의 공신력을 떨어뜨리고 상표법상 상표등록무효심판에 관한 규정을 무의미하게 만들며 또한 등록상표간의 충돌 및 상표와 상호간의 충돌 등 상표권과 타인의 권리와의 조화에 대해서 상세히 규정하고 있는 상표법과 모순되는 해석이 아닌가 하는 의문이 제기될 수 있다. 따라서, 부정경쟁방지법이 상표법에 우선되는 것인지 아니면 그 반대로 해석해야 할 것인지 등의 양법의 충돌을 해결하기 위한 방법을 심층적으로 검토해 볼 필요가 있다. 현실적으로는 부정경쟁방지법이 이미 상표법 등 다른 법률에 부정경쟁방지법과 다른 규정이 있는 경우에 부정경쟁방지법의 규정을 적용하지 아니하고 다른 법률의 규정을 적용하도록 규정하고 있으므로, 동 조화규정의 해석의 문제로 귀착된다.

4. 양법의 충돌[63)]

상표법과 부정경쟁방지법의 충돌과 모순을 염두에 두고 그 조화를 위해서 마련한 규정이 바로 부정경쟁방지법 제15조이다. 따

63) 정상조, 주지상표의 보호—상표법과 부정경쟁방지법의 조화를 위한 제언, 서울대학교 법학 제43권 제4호 (2002.12), 129-170면.

라서, 양법의 충돌 및 모순이 이 규정에 의해서 잘 해결될 수 있는지 알아보도록 한다.

가. 부정경쟁방지법 제15조의 연혁

1961년 12월 30일 법률 제911호로 제정된 부정경쟁방지법은 제7조에서 "무체재산권행사행위에 대한 적용의 제외" 제목 아래 "부정경쟁방지법 제2조 제1호 및 제2호, 제3조, 전조 제1항 및 제2항과 제8조 제2호의 규정은 특허법, 실용신안법, 의장법, 상표법 또는 상법 중 상호에 관한 규정에 의하여 권리를 행사하는 행위에 대하여는 적용하지 아니한다"라고 규정하였고, 이는 1986년 12월 31일 개정을 통하여 "특허법, 실용신안법, 의장법, 상표법, 독점규제 및 공정거래에 관한 법률, 상법 중 상호에 관한 규정 또는 형법 중 국기·국장에 관한 규정에 부정경쟁방지법 제2조 내지 제4조 및 제11조의 규정과 다른 규정이 있는 경우에는 그 법에 의한다"라고 개정하여 오늘에 이르고 있다.[64)]

나. 부정경쟁방지법 제15조의 의미

부정경쟁방지법 제15조는 상표법에 부정경쟁방지법과 다른 규정이 있으면 상표법의 규정에 의한다고 규정하고 있으므로, 상표법과 부정경쟁방지법이 충돌하는 경우에는 상표법이 우선하고 그러한 충돌이 없는 경우에 한해서 부정경쟁방지법이 보충적으로

---

64) 현행 부정경쟁방지법은 제15조에서 "특허법·실용신안법·디자인보호법 또는 상표법에 제2조 내지 제6조 및 제18조 제3항의 규정과 다른 규정이 있는 경우에는 그 법에 의한다"라고 규정하고 있는데 상표법과 부정경쟁방지법의 관계를 논함에 있어서는 동일한 규정이라 할 수 있다.

적용된다고 해석된다. 그러면 어떠한 경우에 상표법이 부정경쟁방지법에 우선해서 적용되는가의 문제는 어떠한 경우에 상표법과 부정경쟁방지법이 서로 충돌하고 서로 상이한 규정을 두고 있는 것인가의 문제로 귀착된다. 우선, 부정경쟁방지법의 연혁을 보면, 상표법에 따라서 등록된 상표권의 행사라고 해서 언제나 상표법이 우선해서 적용되는 것은 아니고 부정경쟁방지법이 적용될 수 있는 여지는 있다. 부정경쟁방지법에 의한 보호가 상표법의 취지와 충돌되지 않는 경우에도 부정경쟁방지법이 적용될 수 있을 것이다. 그러나, 다른 한편, 상표법에 따라서 등록된 상표권의 행사이지만 부정경쟁방지법 위반에 해당된다고 해서 언제나 부정경쟁방지법을 상표법에 우선해서 적용한다면 그러한 해석은 부정경쟁방지법의 보충적 적용을 규정한 제15조의 문언적 의미에 반하는 해석이 될 것이다. 그러나, 우리 대법원은 "상표법의 惡用 내지 濫用"이라고 하는 새로운 기준을 만들어서 부정경쟁방지법이 우선적용될 수 있는 여지를 지나치게 확대해석하고 있다.

다. 양법의 취지가 충돌되지 않는 경우

상표법과 부정경쟁방지법의 적용결과 또는 취지가 상호충돌되지 않는 경우에는 상표법에 따라서 등록된 상표가 가해자의 상표이거나 피해자의 상표이거나 그러한 등록상표에 대해서도 부정경쟁방지법이 적용될 수 있다. 예컨대, 등록된 상표의 보유자라도 그 등록상표에 부등록사유 내지 등록무효사유가 있거나 상표법 제51조에 규정된 효력범위를 벗어나서 상표권을 행사함으로써 결과적으로 부정경쟁행위에 해당되는 행위를 한 경우에는, 부정경쟁방지법을 적용한다고 해서 상표법의 취지에 반하는 것이 아니므로, 부정경쟁방지법 제15조의 "상표법에 다른 규정이 있는 경우"에 해당되지 않고 따라서 상표권의 행사에 대해서도 부정경쟁방지법이 적용될 여지는 있다.

피해자의 상표가 등록상표인 경우에도 상표법에 따라서 등록되었다는 이유만으로 그에 대한 부정경쟁방지법에 의한 보호가 부인되지는 않는다. 상표법 규정에 따라서 상표권등록이 된 상표에 대해서는 상표법의 보호가 주어지지만, 상표법은 등록상표와의 동일·유사성 및 지정상품과의 동일·유사성을 기준으로 해서 상표권침해여부를 판단하기 때문에[65] 그 보호범위가 좁은 편이다. 이에 반해서, 부정경쟁방지법은 지정상품의 동일·유사성을 문제삼지 않고 출처혼동이나 식별력·명성의 손상을 초래한 경우에는 부정경쟁행위에 해당된다고 규정하고 있기 때문에 주지상표의 보호범위가 비교적 넓은 편이다. 등록상표의 상표권자가 상표법상의 구제수단을 청구하지 않고 부정경쟁방지법상의 구제수단을 청구하는 이유는 바로 그러한 보호범위의 차이에 기인한 것이다.[66] 이와 같이 등록상표에 대해서 상표법상 인정되는 보호범위보다 넓은 보호범위를 인정받기 위해서 부정경쟁방지법을 원용하는 것은 부정경쟁방지법 제15조가 규정하고 있는 상표법우선의 원칙 또는 부정경쟁방지법의 보충적 적용과 모순되지 않는다. 부정경쟁방지법이 상표법상의 보호범위보다 넓은 보호범위를 부여하는 것은 주지성을 전제로 하는 것이고, 동일한 등록상표의 경우에도 수요자간에 널리 인식되어 있는 상표인지 아닌지 여부에 따라서 당해 등록상표의 명성·고객흡인력 및 수요자신뢰에 커다란 차이가 있고 따라서 그 실질적인 보호범위에도 차이를 인정하는 것은 공정한 시

---

65) 상표법 제50조 및 제66조.

66) 예컨대, 1997.12.12. 선고 96도 2650 판결은 서적을 지정상품으로 한 등록상표 "부동산뱅크"가 저명한 상표이기 때문에 부동산중개업에 사용하는 것도 영업주체의 혼동을 초래할 수 있는 부정경쟁행위에 해당된다고 판시하였다.

장질서의 형성에도 도움이 되고 당해 상표의 재산적 가치의 차이에도 비례하는 합리적인 것이다. 다시 말해서 부정경쟁방지법이 수요자간에 널리 인식된 주지의 등록상표에 대해서 상표법상의 보호범위보다 넓은 범위의 보호를 부여하는 것은 상표의 명성과 수요자의 신뢰를 보호한다고 하는 상표법의 법목적에도 합치되는 것이다. 이와같이 주지의 등록상표에 대해서 상표법상의 보호범위보다 넓은 범위의 보호를 인정하는 것이 상표법의 법목적에 합치되고, 상표법은 주지의 등록상표에 대한 별도의 효력범위를 규정하고 있지 않을 뿐이므로, 주지의 등록상표에 대해서 부정경쟁방지법을 적용함으로써 상표법하에서보다 넓은 보호범위를 인정하는 것은 부정경쟁방지법 제15조에 반하지 않는다고 해석된다.

라. 양법의 취지가 충돌하는 경우

우리 대법원은 상표법과 부정경쟁방지법의 취지가 충돌하는 경우 또는 주지저명상표와 등록상표의 보유자가 달라서 서로 충돌하는 경우에, "상표권의 등록이 자기의 상품을 타인의 상품과 식별시킬 목적으로 한 것이 아니고 국내에서 널리 인식되어 사용되고 있는 타인의 상표와 동일 또는 유사한 상표를 사용하여 일반수요자로 하여금 타인의 상품과 혼동을 일으키게 하여 이익을 얻을 목적으로 형식상 상표권을 취득하는 것이라면 그 상표의 등록출원 자체가 부정경쟁행위를 목적으로 하는 것으로서, 가사 권리행사의 외형을 갖추었다 하더라도 이는 商標法을 惡用하거나 濫用한 것이 되어 상표법에 의한 적법한 권리의 행사라고 인정할 수 없으므로 이러한 경우에는 부정경쟁방지법 제15조의 적용이 배제된다"고 해석하고 있다.[67] 주지의 상표와 동일·유사한 상표를 등

67) 대법원 2001.4.10. 선고 2000다4487 판결; 대법원 1996.5.13.자 96마217 결

록해서 사용하는 것 자체가 상표법을 남용・악용한 것으로서 부정경쟁행위에 해당된다고 본다면, 이것은 부정경쟁방지법 제15조의 상표법우선의 원칙이 적용되지 않는 예외를 의미하는 것인가의 어려운 문제가 남아 있다. 대법원은 한결같이, 주지・저명한 상표를 타인이 먼저 상표등록한 것은 상표법을 악용하거나 남용한 것이 되어 상표법에 의한 적법한 권리의 행사라고 인정할 수 없으므로 이러한 경우에는 부정경쟁방지법 제15조의 적용이 배제된다고 전제한 후 부정경쟁행위의 성립을 인정하고 있다.[68)]

주지・저명한 타인의 상표와 동일・유사한 상표를 먼저 등록하는 것은 상표법을 악용하거나 남용한 것인가? 본래 상표는 식별력도 중요하지만 고객흡인력을 가진 것으로 선택해서 등록출원을 하게 되는데, 보통명사나 관용표장은 식별력이 없기 때문에 보통명사나 관용표장을 변형해서 출원하거나 주지・저명한 타인의 상표를 출처혼동의 염려가 없는 전혀 상이한 상품을 지정상품으로 해서 등록출원하는 것은 빈번히 이루어지는 현상이고 그러한 시장수요의 선악을 논할 필요도 없다. 상표법의 관심은 등록출원 상표의 식별력을 엄격히 심사해서 보통명사나 관용표장을 특정인이 독점하지 못하게 하고 지정상품의 동일・유사성이나 출처혼동 여부를 엄격히 심사해서 주지・저명한 상표의 보유자의 보호법익을 보호하는 것일 뿐이다. 타인의 주지・저명 상표를 먼저 등록하고자 하는 시장의 수요는, 그에 관한 경영판단을 판사의 개인적인 도덕기준으로 판단해서는 안 되고, 오직 상표법 제6조 및 제7조에 규

정; 대법원 1995.11.7. 선고 94도3287 판결; 대법원 1993.1.19. 선고 92도2054 판결

68) 대법원 1993.1.19. 선고 92도2054 판결; 대법원 1995.11.7. 선고 94도 3287 판결; 서울고법 1997.8.12. 선고 95나36598 판결; 대법원 2000.5.12. 선고 98다49142 판결; 대법원 2001.4.10. 선고 2000다4487 판결; 대법원 1999.11.26. 선고 98다19950 판결.

정된 합리적인 기준을 적용함으로써 효율적으로 규제될 수 있기 때문이다. 또한, 주지・저명 상표와 동일・유사한 상표는 등록할 수 없음에도 불구하고 현실적으로 등록된 경우에(부정경쟁방지법을 적용한 상기 대법원 판결의 사례가 대부분 그러한 경우에 해당되는데) 대비해서, 상표법은 상표등록무효심판에 의해서 상표등록을 무효로 확정하고 상표등록이 없었던 것과 마찬가지로 만들 수 있는 제도를 마련해두고 있다. 실제로 주지・저명 상표와 동일・유사한 상표를 제3자가 먼저 등록한 경우에 등록무효심판을 청구함으로써 구제받는 사례도 많다.[69] 요컨대, 상표법이 先出願主義를 채택하고 있어서 주지・저명 상표를 먼저 등록하기 위해서 출원하는 것은 애초에 상표법이 기대하고 예상하던 바이고, 그러한 상표등록출원이 상표법의 요건에 맞지 않으면 등록출원을 거절하거나 또는 등록된 후 무효심판에 의해서 무효로 만들 수 있는 제도적 장치가 있으므로, 타인의 주지・저명 상표를 먼저 등록하는 것이 상표법을 악용하거나 남용하는 것이라고 말할 수는 없다. 부정경쟁방지법을 적용할 필요가 있다고 하는 선입견을 가지고 보는 경우에 한해서 상표법의 악용/남용이라는 판단이 나올 수 있는 것이라면, 이는 명백히 부정경쟁방지법 제15조의 규정에 반하는 방식으로 부정경쟁방지법을 상표법에 우선해서 적용하는 것이다.

주지・저명 상표를 제3자가 먼저 등록해서 사용하는 것이 반드시 상표법을 악용하거나 남용하는 것이 아니라면, 주지・저명

69) 대법원 1988.12.27. 선고 87후7 판결〔(Nassau는 저명상표이기 때문에 그 지정상품(테니스볼)과 상이한 상품(운동복 등)에 대해서도 동일유사한 상표는 등록할 수 없다고 판시함〕; 대법원 1995.6.13. 선고 94후2186 판결; 대법원 1999.2.26. 선고 97후3975, 3982 판결; 대법원 1986.10.14. 선고 83후77 판결 (chanel이 저명상표임을 이유로 해서 지정상품과 상이한 상품을 지정상품으로 해서 등록된 상표의 존속기간갱신을 거절한 것이 구 상표법하에서 적법하다고 판시함).

상표의 선점을 부정경쟁행위로 보는 것은 상표법의 적용결과와 모순되는 것으로, 상표법우선의 원칙 또는 부정경쟁방지법의 보충적 적용을 규정한 부정경쟁방지법 제15조의 취지에도 반하는 해석이다. 상표법의 규정에 따라서 등록된 상표의 사용을 부정경쟁행위라고 보는 것은 상표법상 상표등록의 공신력을 떨어뜨리고 상표법상 상표등록무효심판에 관한 규정을 무의미하게 만들고 등록상표간의 충돌 및 상표와 상호간의 충돌 등 상표권과 타인의 권리와의 조화에 대해서 상세히 규정하고 있는 상표법과 모순되는 해석인 것이다. 상표법은 상표권과 타인의 권리와의 충돌을 예상하고 그 권리간의 우선순위에 관한 상세한 규정을 두고 있다.[70] 타인의 주지·저명 상표를 제3자가 먼저 등록해서 사용하는 것이 상표법상 타인의 권리를 침해하는 것이 아니고 무효심판에 의해서 무효로 본다는 심결이 확정되기 이전에는 타인의 상표권(상표법상의 상표권뿐만 아니라 부정경쟁방지법상 보호되는 권리)의 침해로 되지 않는다는 것이 상표법의 적용결과인 것이다. 또한, 주지상표의 경우에는 저명상표와 달리 제3자가 먼저 등록한 경우에 상표등록일로부터 5년이 경과한 후에 무효심판을 청구할 수 없기 때문에[71] 그러한 5년의 제척기간이 경과한 후의 등록상표는 더욱 안정되고 확고한 권리의 대상이 되는 것이다.

등록상표를 행사하는 것이 상표법 또는 상표권의 남용이므로 상표권의 정당한 행사라고 볼 수 없다는 것은 기존의 대법원 판례와도 상충된다. 예컨대, 대법원 판결 가운데에서도, 등록상표에 관한 무효 또는 취소심결이 확정되지 아니한 경우에는 상표권이 유효하다고 보고 상표권의 행사가 사회질서에 위반된다고 판단되는 경우에 한해서 상표권의 남용이라고 말할 수 있다고 판시한 바도

70) 상표법 제51조 및 제53조.

71) 상표법 제76조.

있어서,[72] '남용'이라는 개념에 커다란 차이가 있음을 알 수 있다. 등록상표를 행사하는 것이 상표법 또는 상표권의 남용이라고 본다면, 公知公用의 技術을 포함하고 있거나 기타의 無效事由를 가지고 있는 특허권을 토대로 해서 제3자의 특허발명실시를 금지하려고 하거나 손해배상을 청구하는 것도 상표권의 남용이고 독점규제법상 不公正去來行爲라고[73] 말할 수도 있겠지만, 대법원은 권리범위확인심판과[74] 가처분신청사건의[75] 예외를 제외하고는 일반 민사사건에서 특허권무효심결이 확정되지 않은 특허권의 행사를 부인한 사례가 없는바, 본 판결에서 상표법 또는 상표권의 남용이라는 이론구성은 기존의 특허권 관련 대법원 판례와도 모순된다. 특허권의 권리범위확인심판이나 특허권침해금지가처분신청사건에서 공지공용의 기술에 대한 권리의 보호를 인정하지 않는 이론구성으로서 공지공용의 기술을 포함하고 있는 특허권의 무효를 선언할 수는 없지만 공지공용의 기술을 포함하고 있는 한도내에서 권리범위를 인정할 수 없고 그러한 한도에서 승소가능성이 희박하다는 등의 이론구성을 하고 있는데, 상표법의 남용이나 악용이라는 이유로 부정경쟁방지법을 우선해서 적용하는 것은 상표법상 무효의 사유가 있는지 여부에 관한 심리도 없이 왜 부정경쟁방지법을 우선해서 적용해야 하는지에 관한 설득력있는 이론구성이 없다는 데 문제가 있다. 결과적으로 상표법상 무효의 사유가 없이 적법하게 등록된 상표의 사용도 부정경쟁행위가 될 수도 있다면, 상표법상 적법한 행위에 대해서 왜 부정경쟁방지법을 우선 적용함으로써 부정경쟁방지법상 위법한 행위라고 판단하는지에 관한 설득력있는 이유가

72) 대법원 1989.4.24. 선고 89다카2988 판결.

73) 獨占規制 및 公正去來에 관한 法律 제23조.

74) 대법원 1983.7.26. 선고 81후56 판결.

75) 대법원 1992.6.2. 선고 91마540 결정 및 대법원 1993.2.12. 선고 92다40563 결정.

있었어야 할 것이다. 요컨대, 주지·저명 상표의 선점이 상표법의 악용·남용에 해당된다고 보면서 상표법상의 요건과 절차를 무시하고 부정경쟁방지법을 우선적으로 적용하는 것은, '남용'의 의미나 부정경쟁방지법 제15조의 의미에 관한 해석론으로서는 무리한 것이다.

마. 立法的 解釋?

상표법과 부정경쟁방지법의 취지가 충돌하는데 부정경쟁방지법을 우선 적용하는 것은 부정경쟁방지법 제15조의 취지에 반하는 입법적 해석이다. 우리 대법원은 상표권의 등록 및 행사가 부정경쟁행위에 해당되는 경우에는 商標法을 惡用하거나 濫用한 것이 되어 부정경쟁방지법 제15조의 적용이 배제된다고 해석하고 있는데,[76] 이는 부정경쟁방지법의 시각에서 상표법의 남용 여부를 판단함으로써 부정경쟁방지법의 보충적 적용의 원칙을 규정한 제15조와는 정반대의 결과를 가져오는 입법적 해석을 한 것이라고 보여진다. 또한, 상표법 제6조의 부등록사유를 포함하고 있는 상표는 상표법이 보호할 필요가 없는 것이고 상표법 제51조의 효력범위를 벗어난 상표의 사용은 상표법상 상표권의 침해에 해당되지 않는데도 불구하고, 그러한 상표의 사용이 부정경쟁행위에 해당된다고 보는 것은 부정경쟁방지법을 상표법보다 더 우선해서 적용하는 것으로 부정경쟁방지법 제15조와 상치되는 입법적 해석과 다름없다.

예컨대, 우리 대법원은 현저한 지리적 명칭만으로 된 상표이어서 상표법상 보호받지 못한다고 하더라도 그것이 오랫동안 사용

76) 대법원 2001.4.10. 선고 2000다4487 판결; 대법원 1996.5.13. 자 96마217 결정; 대법원 1995.11.7. 선고 94도3287 판결; 대법원 1993.1.19. 선고 92도2054 판결.

됨으로써 일반 수요자들이 어떤 특정인의 영업을 표시하는 것으로 널리 알려져 인식하게 된 경우에는 부정경쟁방지법이 보호하는 표장에 해당한다고 할 것이며, 그 상표와 동일 또는 유사한 상표를 사용함으로써 출처의 혼동을 초래하는 것은 부정경쟁행위에 해당된다고 판시한 바 있다.[77] 또한, 대법원은 서적의 내용을 설명하는 제호와 같은 기술적 표장을 보통으로 사용하는 방법으로 표시하는 경우에는 상표권의 효력이 미치지 않는다고 하는 상표법 제51조의 규정에도 불구하고, 기술적 표장이 출처표시로서의 2차적 의미를 가지게 되어 그와 동일 또는 유사한 표장을 사용하는 것이 부정경쟁행위에 해당된다면, 상표법에 저촉되지 않는 범위 내에서 부정경쟁방지법이 적용된다고 판시한 바 있다.[78] 그러나, 현저한 지리적 명칭이나 기술적 표장은 특정인이 독점해서는 아니되는 성질의 명칭이기 때문에 상표법은 그 등록을 금지하고 있고, 또한 등록이 되더라도 상표권으로서의 효력이 미치지 않는 것으로 규정하고 있는 것인데, 만일 이러한 상표와 동일, 유사한 상표를 사용하였다고 하여 부정경쟁방지법에 따른 책임을 부과한다면 이는 결과적으로 이러한 지리적 명칭이나 기술적 표장에 대한 특정인의 독점적인 사용을 용인하는 것이 되어 상표법의 입법 취지에 정면으로 반하게 되는 것이다.[79]

이와 같이 부정경쟁방지법의 적용 결과가 상표법의 입법취지에

77) 대법원 1999.4.23. 선고 97도322 판결은 '천안종로학원'이 '종로학원'이라고 하는 현저한 지리적 명칭과 보통명사의 결합이 수요자에게 가지는 출처표시로서의 2차적 의미와 혼동을 초래할 수 있기 때문에 부정경쟁행위에 해당된다고 판시했다.

78) 대법원 1996.5.13. 자 96마217 결정은 '꿈을 키우는 재능교육'이라는 제호사용이 '재능교육'이라는 기술적 표장의 출처표시로서의 2차적 의미와 혼동을 초래할 수 있기 때문에 부정경쟁행위에 해당된다고 판시했다.

79) 대전지방법원 1997.1.17. 선고 96노1340 판결.

정면으로 반하는 것은 “상표법에 부정경쟁방지법과 다른 규정이 있는 경우”에 해당되는 것이고, 바로 이러한 경우에 부정경쟁방지법 제15조는 상표법의 규정이 우선해서 적용된다고 규정하고 있는 것이다. 따라서, 대법원이 부정경쟁방지법의 적용결과가 상표법의 입법취지에 정면으로 반함에도 불구하고 부정경쟁방지법을 우선해서 적용하는 것은 부정경쟁방지법 제15조의 취지를 몰각한 것이다. 결과적으로 대법원의 해석론은 부정경쟁방지법의 보충적 적용을 규정한 부정경쟁방지법 제15조와는 정반대로 부정경쟁방지법의 우선적 적용 내지 상표법의 보충적 적용의 원칙을 새롭게 만든 것이고 이는 입법적인 성격의 해석인 것이다. 대법원으로서는 구체적 사건의 합리적인 해결을 위해서 상표법의 적용결과가 공정한 경쟁질서에 반한다고 판단되는 경우에 부정경쟁방지법을 우선해서 적용한 것으로 보인다. 그러나, 상표법의 적용결과가 불합리하면 상표법의 개정을 통해서 그러한 불합리성을 고치는 것이 정도인 것이고, 상표법의 입법적 흠결을 보완하기 위해서 부정경쟁방지법 제15조를 그 취지와 정반대로 해석하는 입법적 성격의 권한이 대법원에 있다고 볼 수는 없다.

바. 제15조의 不明確性

상표법과 부정경쟁방지법의 취지가 충돌하는 경우에, 부정경쟁방지법 제15조는 상표법이 우선해서 적용되고 부정경쟁방지법은 보충적인 지위만을 가진다고 규정하고 있는 데 반해서, 대법원은 부정경쟁행위 방지가 더 중요하다고 하는 고정관념을 가지고 상표법의 남용/악용이라고 하는 새로운 기준을 통해서 대부분의 경우에 부정경쟁방지법을 적용하는 입법적인 해석론을 펼치고 있다. 대법원이나 그 해석론에 동조하는 법조인에게는 상표법의 남용/악용이라는 기준이 명확한 기준이 될지 모르지만, 대법원의 해석론을 납득하지 못하는 법조인이나 부정경쟁방지법 제15조의 文言的 의미만을 이해하는 대부분의 일반인에게는 상표법의 남용/악용이라는 기준 또는 부정경쟁방지법 제15조의 규정 자체가 극히 애매모호하고 그 결과를 예측하기 어려운 불명확한 규정이라고 생각된다. 그 不明確性을 해결함에 있어서, 대법원은 상표법의 취지와 규정을 희생시키면서 부정경쟁방지법을 우선 적용하고 있지만, 이는 무리한 해석론일 뿐만 아니라 형사책임의 문제에 부딪히면 刑事處罰에 관한 공권력의 남용을 도와주는 결과에 이르게 된다. 따라서, 그 궁극적인 해결책은 후술하다시피 입법적인 보완에서 찾아야 한다. 우선, 부정경쟁방지법의 불명확성과 죄형법정주의의 관계에 대해서 살펴보도록 한다.

우리나라에서는 출처표시로서의 표장과 같은 사적인 재산을 침해한 경우에도 민사적인 책임뿐만 아니라 그 형사적인 처벌도 요구하는 경우가 많고, 검찰은 부정경쟁방지법 위반에 해당된다고 판단되면 그에 대한 공소제기 여부의 판단에 재량을 가질 수 없고 의무적으로 모두 공소를 제기할 수밖에 없으며, 우리 대법원은 상표법의 취지와 충돌하는 경우에도 한결같이 부정경쟁방지법을 적용해서 그에 대한 처벌여부를 판단하고 있다.[80] 근본적으로 상표권침해와 부정경쟁행위를 모두 형사적으로 처벌하는 것이 과연 입법정책적으로 바람직한 것인지에 대해서도 의문이 있지만,[81] 상표

80) 대법원 1999.4.23. 선고 97도322 판결; 대법원 1995.11.7. 선고 94도3287 판결; 대법원 1993.1.19. 선고 92도2054 판결.

81) Lydia Pallas Loren, Digitization, Commodification, Criminalization: The Evolution of Criminal Copyright Infringement and the Importance of the Willfulness Requirement, 77 Washington University Law Quarterly 835, 856 (1999); Geraldine Szott Moohr, The Crime of Copyright Infringement: An Inquiry Based on Morality, Harm, and Criminal Theory, 83 Boston University

법과 부정경쟁방지법의 취지가 충돌하는 사안에 한정해서 보면 더욱 그 형사처벌의 위험성과 불합리성이 명백해진다.

상표법과 부정경쟁방지법의 취지가 충돌하는 경우에 어느 법을 우선하여 적용할 것인지는 그 충돌의 구체적 태양에 따라서뿐만 아니라 그 문제가 민사적인 것인지 아니면 형사적인 것인지에 따라서 달라질 수 있다.[82] 기본적으로, 자신이 적법하게 등록한 상표의 상표권을 행사한 결과로 타인의 상표권을 침해하게 되면 그에 따른 민사적인 책임을 지는 것은 당연하지만, 형사적인 책임도 부과해야 할 것인지 여부는 신중하게 판단해야 할 문제이다. 우리 대법원은 후출원등록상표권자의 상표권행사의 경우에 그 상표등록의 무효심결이 확정되기 이전에는 등록상표의 유효성을 믿고 자신의 상표를 사용하는 행위를 사회적으로 비난할 수 없기 때문에 선출원등록상표권의 침해로 되지 않는다고 판시한 바 있다.[83] 그렇다면, 마찬가지 이유에 의해서, 상표등록의 무효심결이 확정되기 이전에는 등록상표의 유효성을 믿고 자신의 상표를 사용하는 행위가 부정경쟁행위에 해당된다는 이유로 처벌할 수 없는 것 아닌가?

Law Review731, 767 (2003).

82) 헌법재판소 2001.9.27. 99헌바77에서 헌법재판소는 "부정경쟁방지법과 상표법과의 관계… 등을 종합하여 보면, … 양법의 관계를 분명히 함으로써 이러한 저촉, 충돌에 대비하기 위한 것임을 알 수 있는바, 제기된 문제가 민사적인 것인지 혹은 형사적인 것인지에 따라서, 그리고 저촉, 충돌의 구체적 태양에 따라서 해석을 통하여 그 의미가 더욱 구체화될 여지를 아직 남기고 있는 것"이라는 점을 분명히 하고 있다.

83) 대법원 1986.7.8. 선고 86도277 판결.

Ⅳ 商標法과 不正競爭防止法의 통합

1. 登錄商標와 周知商標

등록여부에 관계없이 상표의 도용으로 인한 소비자의 출처혼동을 방지하고 상표에 관한 명성과 신용의 주체가 가진 재산적 이익을 보호하기 위해서 등록상표와 미등록주지상표를 통일적으로 상표법에 규정하기 위해서는, 우선 상표법에 등록상표와 주지상표에 관한 개념정의를 두고 주지상표에 관한 상표권의 발생과 그 효력범위 및 등록상표와의 저촉시 우선순위 그리고 상표권침해로 간주되는 행위 등에 관한 기존의 규정을 개정할 필요가 있다.

상표법의 개념정의에 있어서는 주지상표와 인터넷주소에 관한 개념을 명확히 할 필요가 있다. 주지상표는 국내에 널리 인식된 상표를 말하는데, 그 주지성의 정도는 궁극적으로 혼동가능성의 범위와 동전의 양면과 같은 관계에 있기 때문에 최종적으로 법원이 판단할 문제라고 보고 그에 관한 구체적인 구별이나 개념정의는 두지 않아도 무방하다고 판단된다. 우리 법원은 혼동가능성을 판단함에 있어서는, 상표의 주지성(Strength of mark), 상표의 유사성(Degree of similarity), 사용되는 상품 또는 영업의 인접성(Proximity of products), 수요자의 현실적인 혼동여부(Actual confusion),[1)]

1) 상표등록시 출원인이 현실적으로 상표를 사용하고 있어야 할 필요는 없

피고의 상표 선정에 있어서의 선의 여부(defendant's good faith in adopting its own marks) 등의 요소를 고려해 왔다.[2] 예컨대, 저명상표의 경우에는 품질의 우수성과 상표보유자의 명성으로 인하여 일반 수요자들에게 절대적인 신뢰를 획득하고 있으므로, 어느 상표가 저명상표와 약간만 근사하여도 상품의 출처에 관한 결합관계가 즉시 연상된다.[3] 따라서, 주지성의 강약에 따라서 혼동가능성의 범위가 달라지고 주지성이 강하면 강할수록 보다 넓은 범위의 상품에까지 혼동의 가능성이 인정될 수 있는 것이다.[4]

상표에 관한 규정이 상표법에 모두 규정된다면 현행 부정경쟁방지법상의 희석화금지에 관한 규정도 상표법에 흡수되어야 할 것이고, 따라서 희석화를 상표권침해로 간주하는 규정을 둔다면 그러한 희석화금지의 대상이 되는 상표의 주지성은 어떠한 정도의 주지성이어야 하는지에 관한 신중한 검토가 요구된다. 식별력이나 명성을 손상하는 행위에 해당하기 위해서는 그 대상상표가 '주지의 정도를 넘어 저명한 정도에 이르러야 한다'고 판시된 바 있고,[5] 식별력이나 명성을 손상하기 위하여는 일반 수요자에게 당해 상품표지의 '우수성'이 널리 인식될 수 있도록 하는 강한 정도의 주지성이 인정되어야 실제 희석화가 이루어질 수 있다는 점에서 상품이 완전히 비유사하더라도 식별력이나 명성을 손상할 수 있어 이른바 희석화가 이루어지는 경우에 한하여 그 대상상표가 주지도를 넘는 저명한 상표인 경우에 한하여 인정함이 바람직하다고 할

기 때문에, 상표등록출원의 심사에 있어서는 현실적인 혼동여부는 판단할 수 없겠지만, 부정경쟁행위의 성립여부의 판단에 있어서는 중요한 판단요소가 된다.

2) McGregor Doniger v. Drizzle, 599 F.2d 1126 (2nd Cir. 1979).

3) 대법원 1985.8.20. 선고 82후27 판결 ; 대법원 1986.6.10. 선고 83후41 판결.

4) 대법원 2000.5.12. 선고 98다49142 판결.

5) 대법원 2004.5.14. 선고 2002다13782 판결.

것이다. 그러나, 전술한 바와 같이 저명성이나 주지성은 정도의 문제로서 출처의 혼동가능성 또는 식별력이나 명성의 손상 여부에 관한 판단과 동일한 문제의 또 다른 측면에 불과하기 때문에 개념 정의에 둘 필요는 없다고 판단된다.

商標法 改正案 (밑줄친 부분은 개정될 내용을 표시한 것임):
第2條 (定義) ① 이 法에서 사용하는 用語의 定義는 다음과 같다.
5. "登錄商標"라 함은 商標登錄을 받은 商標를 말한다.
5-2. "周知商標"라 함은 商標로서 國內에 널리 인식된 商標를 말한다.
5-3. "인터넷주소"라 함은 인터넷에서 국제표준방식에 의하여 일정한 통신규약에 따라 특정 정보시스템을 식별하여 접근할 수 있도록 하는 숫자·문자·부호 또는 이들의 조합으로 구성된 정보체계를 말한다.

2. 商標權의 발생 및 효력

현행 상표법은 등록상표에 한해서 그 상표권의 발생시점이 설정등록이 이루어진 때임을 명백히 하기 위한 규정을 두고 있다(상표법 제41조). 등록상표와 주지상표에 관한 규정을 모두 상표법에 흡수해서 규정하기 위해서는, 주지상표의 상표권이 발생하는 시점에 대해서도 확인하는 규정을 둘 필요가 있다. 따라서, 주지상표는 주지성을 획득한 시점 즉 상표의 사용으로 인해서 국내에 널리 인식된 때에 주지상표의 상표권이 발생한다. 상표권의 효력에 있어서는 등록상표와 주지상표 모두 배타적 사용의 권리가 주어진다는 점에서 똑같다.

상표권의 효력이 미치지 않는 범위에 관해서 현행 상표법 제

51조는 상세한 규정을 두고 있는데, 기술적 표장 등에 관한 대법원 판례를 반영해서 그 규정을 다소 개정할 필요가 있다. 즉, 대법원 판례에 의하면, 기술적 표장이 상표법 제6조 제2항에 의하여 출처표시로의 2차적 의미를 획득하고 등록이 되었다면 그러한 등록상표는 출처표시로서의 특별현저성을 갖추게 된 것이어서 상표권자는 그 등록상표를 배타적으로 사용할 수 있는 권리를 가지게 되었다고 볼 것이며, 그러한 등록상표에 관한 한 그 상표권은 상표법 제51조 제2호 소정의 상표에도 그 효력을 미칠 수 있다고 보아야 하므로, 그 상표권자는 상표법 제51조 제2호의 규정에 불구하고 타인이 그 등록상표와 동일 또는 유사한 상표를 그 지정상품과 동일 또는 유사한 상품에 상표로서 사용하는 것을 금지시킬 수 있고, 이는 기술적 상표가 등록이 된 이후에 사용에 의하여 상표법 제6조 제2항에서 규정한 특별현저성을 취득한 경우에도 마찬가지라고 봄이 상당하다고 판시된 바 있다.[6] 이러한 효력범위에 관한 규정은 周知商標에 대한 商標權의 효력이 미치지 아니하는 범위에 대해서도 준용된다.

<u>商標法 改正案</u> (밑줄친 부분은 개정될 내용을 표시한 것임):

第41條 (商標權의 <u>發生</u>) ① 商標權은 <u>특허청장에 의해서 상표권의 設定登錄이 이루어진 때 또는 상표사용에 의해서 상표로서 국내에 널리 인식된 때</u>에 발생한다.

第50條 (商標權의 效力) 商標權者는 그 登錄商標 <u>또는 周知商標를 排他的으로 사용할 수 있는 權利를 가진다.</u> 다만, 그 商標權에 관하여 專用使用權을 設定한 때에는 第55條第3項의 規定에 의하여 專用使用權者가 登錄商標를 사용할 權利를 獨占하는 범위안에서는 그러하지 아니하다.

6) 대법원 1996.5.13.자 96마217 결정.

第51條 (商標權의 效力이 미치지 아니하는 범위) ① 登錄商標에 대한 商標權은 다음 各號의 1에 해당하는 경우에는 그 效力이 미치지 아니한다.

1. 자기의 姓名·名稱 또는 商號·肖像·署名·印章 또는 著名한 雅號·藝名·筆名과 이들의 著名한 略稱을 普通으로 사용하는 방법으로 표시하는 商標. 다만, 商標權의 設定登錄이 있은 후에 不正競爭의 目的으로 그 商標를 사용하는 경우에는 그러하지 아니하다.
2. 登錄商標의 指定商品과 동일 또는 유사한 商品의 普通名稱·産地·品質·原材料·效能·用途·數量·形狀(포장의 形狀을 포함한다)·價格 또는 生産方法·加工方法·사용방법 및 時期를 普通으로 사용하는 방법으로 표시하는 商標. 다만, 상표사용에 의해서 需要者間에 그 商標가 누구의 業務에 관련된 商品을 표시하는 것인가 현저하게 認識되어 있는 등록상표의 경우에는 그러하지 아니하다.
3. 登錄商標의 指定商品과 동일 또는 유사한 商品에 대하여 慣用하는 商標와 현저한 地理的 名稱 및 그 略語 또는 地圖로 된 商標. 다만, 상표사용에 의해서 需要者間에 그 商標가 누구의 業務에 관련된 商品을 표시하는 것인가 현저하게 認識되어 있는 등록상표의 경우에는 그러하지 아니하다.
4. 등록상표의 지정상품 또는 그 지정상품의 포장의 기능을 확보하는데 불가결한 입체적 형상으로 된 상표

② 전항의 규정은 周知商標에 대한 商標權의 효력이 미치지 아니하는 범위에 대해서 준용된다.

3. 商標權의 優先順位

가. 미등록상표 보유자간의 관계

동일·유사한 미등록상표를 두 사람 이상이 사용하는 경우에는 먼저 상표를 사용해서 주지성을 획득한 자(선사용자)가 우선하

는 상표권을 가진다. 미등록상표라도 나중에 동일·유사한 상표를 사용하는 자(후사용자)가 선사용자의 명성과 신용에 무임편승하는 것은 소비자에게 출처의 혼동을 초래할 수 있고 부정한 경쟁행위에 해당될 수 있기 때문이다. 다만, 후사용자가 선사용자의 상표사용사실을 알지 못한 상태에서 선사용자의 상표와 동일·유사한 상표를 사용하게 되었고 선사용자와 후사용자의 상표사용지역이 서로 상이해서 소비자에게 출처의 혼동을 초래할 가능성이 없는 경우에까지 선사용자에게 우선적인 권리를 부여하는 것은, 선사용자가 자신의 노력으로 형성한 명성과 신용의 지역적 범위를 초월해서 자유로운 경쟁을 부당하게 위축하고 시장을 독점하는 결과로 될 수 있기 때문에, 선사용자와 후사용자는 출처의 혼동을 초래하지 않는 지역적 범위 내에서 각자 별개의 상표권을 보유할 수 있다. 우리 대법원은 부정경쟁방지법의 보호요건으로 요구되는 주지성이 전국적인 범위의 주지성이 아니라 "국내의 일정한 지역범위 안에서 거래자 또는 수요자들 사이에 알려진 정도"의 주지성으로 족하다고 판시하고 있어서,[7] 동일한 상표가 둘 이상의 지역에서 각각 별도의 주지성을 획득할 수 있는 가능성이 있기 때문이다. 따라서, 교통과 통신이 발전한 오늘날 예외적으로 나타날 수 있는 현상이지만, 출처의 혼동을 초래하지 않는 지역적 범위가 존재하는 경우에는, 동일·유사한 상표를 각기 다른 지역에서 사용하고 있는 선사용자와 후사용자가 각각 자신의 상표를 사용할 수 있는 배타적인 지역을 가지게 되며 어느 누구도 상대방 지역의 시장에 진입할 수 없게 된다. 다시 말해서, 선사용자는 자신이 거래를 통해서 주지성을 획득한 지역 이외의 지역에서 영업을 수행하는 후사용자의 상표사용이 상표권침해라고 주장할 수 없고,[8] 후사용자

7) 대법원 2003.9.26. 선고 2001다76861 판결; 대법원 1995.7.14. 선고 94도399 판결; 1997.4.24.자 96마675 결정.

가 선의로 동일·유사한 상표를 가지고 영업을 하고 있는 지역에까지 선사용자의 영업지역을 확대하는 것은 오히려 후사용자의 상표권을 침해하는 행위에 해당된다.[9] 또한, 선사용자와 후사용자는 아직 아무도 동일·유사한 상표를 사용하지 않은 지역으로 영업을 확대할 수 있는 자유를 가지고, 각각 미사용지역에서 소비자에게 상표를 인식시키고 주지성을 획득하기 위한 경주를 할 수 있다.

나. 주지상표와 등록상표와의 관계

등록상표와 주지상표가 서로 저촉되는 경우에는 주지상표가 국내에 널리 인식된 날과 등록상표의 등록출원이 이루어진 날 가운데 앞선 상표의 상표권이 우선한다. 등록상표의 등록출원이 이루어진 날 이후에 주지성을 획득한 주지상표는, 등록상표의 효력범위 내에 있는 한, 주지상표의 사용으로 인해서 등록상표의 상표권을 침해하게 된다고 해석된다. 그러나, 주지상표가 국내에 널리 인식된 날이 등록상표의 등록출원이 이루어진 날보다 앞선 경우에는, 상표법 제7조의 부등록사유 및 제71조의 무효심판사유에 관한 규정이 잘 말해주는 바와 같이 주지상표가 등록상표에 우선한다. 다만, 제76조의 규정에 의하여 상표권등록의 유효성이 확정된 경우에는, 주지상표가 국내에 널리 인식된 날이 등록상표의 등록출원이 이루어진 날보다 앞선 경우에도 더 이상 등록상표에 대한 무효심판을 제기할 수 없기 때문에, 주지상표와 등록상표는 병존하게 된다. 주지상표와 등록상표가 병존하더라도 소비자의 출처혼동

---

8) Hanover Star Milling Co. v. Metcalf, 240 U.S. 403, 60 L.Ed. 713, 36 S.Ct. 357 (1916).

9) United Drug Co. v. Tehodore Rectanus Co., 248 U.S. 90, 63 L.Ed. 141, 39 S.Ct. 48 (1918).

을 방지하거나 최소화할 필요가 있기 때문에, 상표권등록의 유효성이 확정된 날을 기준으로 등록상표 또는 주지상표가 가진 상표권의 효력범위 내에서만, 등록상표 또는 주지상표의 상표권자는 각각 자신의 상표를 계속 사용할 수 있다. 등록상표의 상표권은 지정상품에 한해서는 전국적인 범위의 효력을 가지고 있지만, 주지상표의 상표권은 유효성이 확정된 날 당시에 주지성을 확보한 지역에 한해서 그 당시에 사용되어온 상품에 한해서 효력이 미치는 것이므로, 그 이후에 상품의 종류나 지역의 범위를 확대할 수 없다고 해석된다.

다. 주지상표와 등록상표 사이의 혼동가능성이 없는 경우

등록상표의 경우에는 제3자가 상표권자의 허락없이 등록상표와 동일·유사한 상표를 지정상품과 동일·유사한 상품에 사용함으로써 소비자에게 출처의 혼동을 초래하는 것으로 추정되지만, 예외적으로 출처의 혼동이 없는 경우에는 등록상표와 동일·유사한 상표를 지정상품과 동일·유사한 상품에 사용하더라도 상표권의 침해로 되지 않는다. 따라서, 등록상표의 보유자가 극히 제한된 지역에서만 영업을 수행하고 전혀 상이한 지역에서 후사용자가 동일·유사한 상표를 사용함으로써 소비자에게 출처의 혼동을 초래하지 않는다는 것을 입증한 경우에는 상표권의 침해로 되지 않는다.[10] 또한, 기술적 표장이나 관용표장이지만 출처표시로서의 2차적 의미를 획득해서 등록상표로서의 유효성을 가지는 상표의 경우에는, 그러한 2차적 의미가 전달되지 못하는 일정한 지역이나 일정한 부류의 수요자에 한정해서 등록상표와 동일·유사한 상표를

10) Dawn Donut Co. v. Hart's Food Stores, Inc., 267 F.2d 358, 121 U.S.P.Q. 430 (2d Cir. 1959).

사용하고 출처의 혼동이 없다면 상표권의 침해로 되지 않는다.[11)]

商標法 改正案 (밑줄친 부분은 개정될 내용을 표시한 것임):

第51條의2 (商標權의 優先順位) ① 등록상표와 주지상표가 서로 저촉되는 경우에는 주지상표가 국내에 널리 인식된 날과 등록상표의 등록출원이 이루어진 날 가운데 앞선 상표의 상표권이 우선한다. 다만, 제76조의 규정에 의하여 상표권등록의 유효성이 확정된 경우에는, 상표권등록의 유효성이 확정된 날을 기준으로 등록상표 또는 주지상표가 가진 상표권의 효력범위 내에서, 등록상표 또는 주지상표의 상표권자는 각각 자신의 상표를 계속 사용할 수 있다.

② 동일 또는 유사한 주지상표가 서로 저촉되는 경우에는 국내에 널리 인식된 날이 앞선 주지상표의 상표권이 우선한다.

③ 제1항 및 제2항의 규정에도 불구하고, 동일 또는 유사한 등록상표 또는 주지상표의 사용으로 인해서 상품이나 영업의 주체에 관한 혼동이 초래되지 않는 경우에는, 그 등록상표 또는 주지상표의 상표권자는 상품이나 영업의 주체에 관한 혼동이 초래되지 않는 범위에서 그 등록상표 또는 주지상표를 사용할 수 있다.

4. 侵害行爲

현행 상표법은 타인의 등록상표와 동일·유사한 상표를 지정상품과 동일·유사한 상품에 사용하는 행위를 상표권 침해행위로 본다고 규정하고 있다. 이는 타인의 등록상표와 동일한 상표를 지정상품과 동일한 상품에 사용하는 행위가 상표권침해에 해당된다는 것을 전제로 한 규정으로 해석된다. 등록상표와 동일한 상표를 지정상품과 동일한 상품에 사용하는 것은 정확히 상표권의 효력범

11) Anheuser-Busch, Inc. v. Bavarian Brewing Co., 264 F.2d 88, 120 U.S.P.Q. 420 (6th Cir. 1959).

위에 속하는 행위이기 때문에 그러한 행위를 상표권자의 허락없이 하는 것이 상표권침해에 해당된다고 전제하는 것은 이해할 수 있으나, 사실 그러한 행위를 상표권침해로 보아 그에 대한 책임을 부과하는 보다 근본적인 이유는 그러한 행위로 인해서 소비자에게 출처의 혼동을 초래하기 때문인 것이다. 상표권침해로 간주하는 행위도 마찬가지로 소비자에게 출처의 혼동을 초래하거나 혼동을 초래할 가능성이 있기 때문이다. 우리 대법원 판례도 상표 및 상품의 동일·유사성을 판단함에 있어서 출처의 혼동가능성을 고려하고 있기 때문에,[12] 출처혼동의 가능성이 상표법상으로나 부정경쟁방지법상으로 상표권침해 내지 부정경쟁행위 여부의 판단기준이 되고 있다. 본래, 상표법이 보호하고자 하는 소비자의 이익과 상표권자의 이익은 출처혼동의 방지에 의해서 이루어지는 것이므로, 출처혼동의 가능성을 상표권침해여부의 판단기준으로 삼는 것은 상표법의 법목적에 충실한 해석이다. 따라서, 상표법이 명시적으로 출처혼동 또는 그 가능성을 상표권침해의 기준으로 규정하고 타인의 등록상표와 동일·유사한 상표를 지정상품과 동일·유사한 상품에 사용하는 행위는 상표권 침해행위로 간주한다는 규정으로 개정할 필요가 있다.[13] 상표권침해기준으로서의 혼동가능성은 등록상표나 주지상표 모두에 적용될 수 있다.

주지상표의 보호에 관한 규정이 상표법으로 흡수됨으로써 부정경쟁방지법에 존재하던 주지상표의 희석화금지 및 도메인이름 부정선점의 금지에 관한 규정이 상표권침해로 간주되는 행위에 포섭될 필요가 있다. 따라서, 등록여부에 관계없이 주지상표 특히 주지성이 아주 높은 상표 또는 이제까지 학술상 저명상표라고 불리

12) 대법원 1991.12.27. 선고 91후1076 판결; 대법원 2000.12.26. 선고 98도2743 판결.

13) 15 U.S.C.A. §1125(a)(1)(A), Lanham Act §43(a)(1)(A) 참고.

우던 상표의 희석화는 상표권침해로 간주하는 규정을 두어야 한다. 또한, 도메인이름의 부정선점(cybersquatting)은 인터넷기술의 발전에 따라서 도메인이름에 한정할 필요없이 다양한 종류의 인터넷 주소를 모두 포괄해서 그 부정선점이 상표권침해로 간주된다는 규정을 두어야 한다.

商標法 改正案 (밑줄친 부분은 개정될 내용을 표시한 것임):

第66條 (침해행위) ① 상표권자 또는 전용사용권자의 허락없이 타인의 상표와 동일 또는 유사한 상표를 사용함으로써 상품이나 영업의 주체에 관한 혼동 또는 혼동의 가능성을 초래한 자는 제65조, 제67조 내지 제70조, 제93조, 제97조, 제97조의2에 규정된 책임을 진다.

② 다음 各號의 1에 해당하는 행위는 商標權 또는 專用使用權을 침해한 것으로 본다.

1. 他人의 登錄商標와 동일 또는 유사한 商標를 그 指定商品과 동일 또는 유사한 商品에 사용하는 행위
2. 他人의 登錄商標와 동일 또는 유사한 商標를 그 指定商品과 동일 또는 유사한 商品에 사용할 目的이나 사용하게 할 目的으로 교부 또는 販賣하거나 僞造·模造 또는 所持하는 행위
3. 他人의 登錄商標를 僞造 또는 模造할 目的이나 僞造 또는 模造하게 할 目的으로 그 用具를 製作·교부·販賣 또는 所持하는 행위
4. 他人의 登錄商標 또는 이와 유사한 商標가 표시된 指定商品과 동일 또는 유사한 商品을 讓渡 또는 引渡하기 위하여 所持하는 행위

③ 타인의 주지상표와 동일 또는 유사한 상표를 사용하여 그 주지상표의 識別力이나 名聲을 손상하게 하는 행위는 상표권 또는 전용사용권을 침해한 것으로 본다.

④ 정당한 권원이 없는 자가 다음 각호의 1에 해당하는 목적으로 특허청에 등록된 타인의 상표나 국내에 널리 인식된 타인의 상표와 동일하거나 유사한 인터넷주소를 등록·보유·이전 또는 사용하는 행위는 상표권 또는 전용사용권을 침해한 것으로 본다.

1. 상표에 대하여 정당한 권원이 있는 자 또는 제3자에게 판매하거나 대여할 목적
2. 정당한 권원이 있는 자의 인터넷주소의 등록 및 사용을 방해할 목적
3. 그 밖의 상업적 이익을 얻을 목적

5. 登錄商標의 有效性 確定(incontestability)

현행 상표법은 타인의 주지상표와 동일·유사한 상표를 그 타인의 상품과 동일·유사한 상품에 사용하는 상표로 등록할 수 없다고 규정하는 한편, 그러한 부등록사유에도 불구하고 등록이 이루어진 경우에 상표등록일로부터 5년이 경과한 이후에는 주지상표 보유자가 상표등록의 무효심판을 청구할 수 없다고 규정하고 있다.[14] 이와 같이 등록무효심판의 청구에 관해서 5년의 除斥期間이 규정된 취지는, 한편으로는 상표법이 부등록사유에 관한 규정을 통해서 간접적으로 주지상표를 보호하고자 하는데, 주지상표의 보유자가 5년 동안 자신의 권리를 행사하지 아니한 경우에, 그러한 주지상표 보유자의 권리를 더 이상 보호할 필요가 없기 때문이라고 볼 수 있다. 다른 한편으로, 등록무효심판이 청구될 수 있는 동안에는 등록상표 보유자의 권리 즉 상표권이 불확실한 상태에 있지만, 5년의 제척기간이 경과하기까지 등록상표가 주지상표와 구별되는 출처표시로서 기능한 사실상태를 보호할 필요도 있기 때문에, 5년의 제척기간에 관한 규정은 등록무효의 가능성을 가졌던 상표권을 확정적으로 유효한 상표권으로 승격시켜주기 위한 규정이라고 볼 수도 있다. 이와 같은 등록상표 유효성 확정(incontestability)의 취

14) 상표법 제76조 제1항.

지에 비추어볼 때, 상표등록일로부터 5년이 경과한 후에는 등록상표의 사용이 주지상표와 출처혼동을 초래하고 주지상표 보유자의 영업상 이익을 침해한다는 이유로 부정경쟁방지법 위반이라고 주장하는 것도 허용되지 않는다고 해석된다.[15] 수요자의 시각에서 보더라도, 5년의 제척기간이 경과하기까지 주지상표와 등록상표가 병존하고 있었다는 것은 출처의 혼동이 없었거나 양 상표의 혼동방지 방법이 존재했다고 추정되기 때문이다.

주지상표와 달리, 현행 상표법은 저명상표와 동일·유사한 상표의 등록이나 국내외 주지상표의 부정한 목적의 등록에 대한 무효심판의 청구에는 아무런 제척기간을 두고 있지 않고 있다. 아마도 저명상표의 경우에는 출처혼동의 가능성이 크고 부정한 목적의 주지상표 선점의 경우에는 부정한 목적의 등록을 구제해줄 필요가 없다고 입법적으로 판단한 것으로 보인다. 그러나, 출처혼동의 가능성이 크거나 부정한 목적이 있는 경우의 부등록사유도 주지상표에 관한 부등록사유에서와 정도의 차이만 있을 뿐, 주지상표 보유자에게 무효심판의 기회가 주어져 있고 상당기간이 경과한 후에는 등록상표 자체의 보호 또는 안정화의 필요성도 마찬가지로 있다면, 주지·저명상표와 동일·유사한 상표에 대한 등록무효심판의 청구에 대해서도 일관되게 일정한 제척기간을 둠으로써 주지상표의 보호와 등록상표의 안정과의 사이에 균형을 이루는 것이 입법론적으로 타당하다. 제척기간을 두지 않고 언제나 상표등록무효심판을 청구할 수 있도록 할 필요가 있는 것은 음란한 도안상표 등과 같이 공서양속에 반하거나 품질 또는 원산지에 관한 기망적 내용의 상표인 경우 등과 같이 명백히 공익에 반하는 경우에 한정하

---

15) 상표법하에서 유효성에 이의를 제기할 수 없게 확정된 상표권은 부정경쟁방지법에 의해서도 도전받을 수 없다고 해석하는 것이 상표법 우선적용의 원칙을 규정한 부정경쟁방지법 제15조와도 합치되는 해석이다.

는 것이 등록상표의 안정성과 공신력 확보에 비추어 바람직하다.16)

<u>商標法 改正案 (밑줄친 부분은 개정될 내용을 표시한 것임):</u>

第76條 (除斥期間) ① 第7條 第1項 第6號 내지 <u>第10號, 第12號</u> 및 第14號, 제8조, 제72조 제1항 제2호와 제72조의2 제1항 제3호에 해당하는 것을 사유로 하는 상표등록의 무효심판, 상표권의 존속기간갱신등록의 무효심판 및 상품분류전환등록의 무효심판은 상표등록일, 상표권의 존속기간갱신등록일 및 상품분류전환등록일부터 5年이 경과한 후에는 이를 請求할 수 없다.

---

16) 미국연방상표법도 부등록사유를 음란도안 등 공서양속에 반하는 경우와 같이 공익에 반하는 일련의 부등록사유와 함께 주지저명상표와 동일유사한 경우로 구별해서 (15 U.S.C. §1052), 전자의 경우에는 제척기간을 두지 않는 데 반해서 후자의 경우에는 제척기간을 두고 등록상표의 안정성확보를 도모하고 있다(15 U.S.C. §§1064 and 1065).

V 營業秘密의 보호

1. 營業秘密保護의 趣旨

營業秘密에 대한 法的 保護는, 연구개발의 결과 얻게 된 기술정보나 상당한 경험을 통해서 얻게 된 경영정보를 법적으로 보호해 줌으로써 보다 적극적으로 연구개발투자를 하도록 유도하고 그럼으로써 기술의 발전 또는 더 나아가 산업의 발전을 유도하기 위한 것이다. 다른 한편으로, 영업비밀의 법적 보호는 비밀정보를 효율적으로 보호해 주고 연구개발투자를 유도하는 것이 산업 전체에 유익하다고 하는 사회적 합의가 반영된 것이고, 바꿔 말하자면 영업비밀의 침해는 산업 전체에 해롭다고 하는 공통인식 위에 성립된 商道德(commercial morality)이 영업비밀침해의 위법성의 근거가 된다. 만일, 영업비밀을 보호해 주지 않는다면 스스로 연구개발을 하여 기술발전과 제품향상을 위해 노력하기보다 다른 경쟁업체의 기술을 모방하기 위하여 산업스파이에 의존하려고 하기 때문이다. 그러나 영업비밀의 법적 보호를 통해서 기술의 발전 또는 산업의 발전을 유도한다고 하는 법정책적 목표의 달성은 결코 쉽지 않다. 영업비밀의 보호가 미약할 때에는 교묘한 산업스파이나 기술인력의 부당한 스카웃이 성행할 것이고, 그와 반대로 영업비밀의 보호가 지나치게 강력하게 되면 부당한 경쟁제한을 초래하여 영업의 자유가 제한되거나 직업선택의 자유가 침해되어 오히려 산업발전에 악영향을 미치게 되기 때문이다. 결국, 영업비밀 보호의 법정책적 목표의 달성은, 營業秘密 保有者의 이익과 종업원 또는 競爭業者의 이익의 균형된 보호를 이룰 수 있는 내용과 범위로 영업비밀을 보호해 줌으로써만 가능한 것이다.[1)]

2. 營業秘密의 槪念

가. 特許發明과의 關係

"營業秘密(trade secrets)"이라고 함은 공연히 알려져 있지 아니하고(秘密性) 독립된 경제적 가치를 가지는 것으로서(經濟性), 상당한 노력에 의하여 비밀로 유지된(管理性) 생산방법·판매방법 기타 영업활동에 유용한 기술상 또는 경영상의 정보를 말한다(부정경쟁방지법 제2조 2호). 흔히 노하우(know-how) 또는 비공개정보라고 불리우는 것도 영업비밀로서의 요건을 갖추고 있으면 부정경쟁방지법에 의해서 보호될 수 있는 것이다. 생산방법이나 기타의 기술은 신규성과 진보성을 갖춘 경우에 특허법에 의하여 보호될 수도 있으나, 특허법하에서 특허권을 취득하기 위해서는 특허출원을 해서 심사를 받는데 많은 시간을 필요로 하고, 특허권을 취득하더라도 특허발명이 공개되기 때문에, 이러한 특허법하에서의 보호보다는 자신의 기술을 비밀로 유지하면서 보호를 받고자 하는 경우에는 부정경쟁방지법하에서 영업비밀로서의 보호를 주장할 수 있다. 다

---

1) Myrphy Kalaher Readio, Balancing employers' trade secret interests in high-technology products against employees' rights and public interests in Minnesota, 69 Minnesota Law Review, pp.984-1006.

만 부정경쟁방지법에 의하여 보호되는 영업비밀은 특허법에 의해서 보호될 발명의 요건을 갖추어야만 가능한 것은 아니기 때문에, 특정 영업비밀이 관련된 업계의 통상의 기술자에 의해서 용이하게 개발될 수 있는, 다시 말해서 進步性이 결여된 기술정보인 경우에도 그러한 영업비밀이 비밀성, 경제성, 관리성의 요건을 갖추고 그 보유자의 영업활동에 유용한 기술정보가 되는 한 부정경쟁방지법에 의하여 보호될 수 있다.[2] 따라서 문제된 영업비밀이 다른 경쟁업자의 기술과 사소한 차이밖에 없는 것이더라도 부정경쟁방지법의 요건을 갖춘 한 그 보호를 받는 데 아무런 지장이 없다. 또한 영업비밀은 반드시 기술정보에 한정되지 않고 경영상의 정보도 포함하는 개념이다.[3]

나. 營業秘密의 秘密性

우리 부정경쟁방지법이 영업비밀의 요건으로서 秘密性과 管理性을 요구하고 있는 것이 영업비밀의 보호에 있어서 당연한 것으로 생각되지만, 구체적으로 어느 정도의 비밀성과 철저한 관리가 필요한 것인지 여부는 그 법정책의 신중한 고려하에 판단되어질 어려운 문제일 수도 있다. 특히 秘密性이란 공연히 알려져 있지 아니한 것인데, 이것은 일반 공중이 용이하게 접근할 수 없어서 알려져 있지 아니한 것을 포함하는 것으로 해석된다. 예컨대, 약품의 판매허가를 받기 위해서 정부기관에 비공개자료를 제출한 경우에 당해 정부기관 및 담당 공무원은 비밀유지의무를 가지고 있기 때

2) 대법원은 영업비밀에 해당되는지 여부를 판단함에 있어서 영업비밀 자체의 내용 뿐만 아니라 근로자의 근무기간, 담당업무, 영업비밀에의 접근가능성, 전직하는 회사에서 담당하는 업무의 성격과 내용 등 여러 가지 사정을 고려해야 한다고 판시한 바 있다(대법원 2003.7.16. 선고 2002마4380 결정).

3) 서울지방법원 2001.12.7. 선고 2001가합19320 판결.

문에[4] 정부기관에의 자료제출로 인해서 영업비밀의 비밀성이 소멸되는 것은 아니다.

영업비밀에 해당되는 기술이나 정보가 비밀성을 상실하고 일반 공중에 공개되면 영업비밀로서의 보호를 받을 수 없게 되겠지만, 영업비밀에 관한 사용허락계약(trade secret license)이 체결된 후에 일반 공중에 공개되어 비밀성을 상실하게 된 경우에 더 이상 사용료(royalty)를 받을 수 없는가의 문제는 일률적으로 말하기 어렵다. 계약체결 당시 비밀성을 갖추지 못한 기술이나 정보라고 한다면 사용허락계약이 체결될 수도 없을 것이고, 만일 체결된다고 하더라도 불공정한 계약이 되겠지만, 계약체결 당시에는 비밀성을 갖춘 영업비밀이 사후에 비밀성을 상실하게 된 경우에는 계약당사자들의 의사가 무엇인지를 구체적으로 살펴보아야 할 것이다. 예컨대, 계약체결 당시 사후에 비밀성을 상실할지도 모른다는 것을 알고 계약을 체결했거나, 또는 계약체결 당시 영업비밀을 사용할 수 있도록 허락을 받았기 때문에 시장선점의 이익을 누릴 수 있고, 비밀성을 상실하게 된 이후에도 그러한 시장을 계속 유지하고 있는 경우와 같은 사정이 있다면, 비밀성 상실을 계약종료의 명시적 사유로 규정하고 있지 않는 한 비밀성 상실 이후에도 여전히 사용료지급의무가 있는 것으로 해석될 수도 있다.[5]

다. 營業秘密의 管理性

管理性은 상당한 노력에 의하여 비밀로 유지되는 것인데, 여기의 상당한 노력은 여러 가지 상황을 고려하고 그러한 고려에 있어서, 보호하고자 하는 영업비밀의 경제적 가치[6]와 비밀관리에 소

---

4) 농약관리법 제27조, 약사법 제72조의9.

5) 미국 판례로 Aronson v. Quick Point Pencil Co., 440 U.S. 257(1979) 참고.

요되는 管理費用과의 비교형량에 의하여 판단되어야 할 것이다. 이에 관하여 주목할 만한 미국 판례로 E. I. duPont deNemours & Co. v. Christopher[7] 사건이 유명하다. 이 사건에서 원고회사 듀퐁(duPont)은 자신의 공장시설 위를 돌고 있는 비행기 한 대를 발견하고, 그러한 비행과 공중관찰로 인하여 원고회사의 메타놀제조공정에 관한 비밀이 알려질 수도 있다고 판단되어 조사해 본바, 경쟁업체가 비행사를 고용하여 원고회사의 공장시설에 대한 공중사진촬영을 의뢰하여 이루어진 것을 알아내고, 위 사진사를 상대로 하여 영업비밀침해의 소를 제기하였다. 이 사건에서 공장시설은 공중에서는 쉽게 관찰할 수 있다는 점에서 상대적 비밀성만을 가지고 있을 뿐이고, 위 시설에 관한 설계도는 영업비밀로 철저히 관리되고 있을지라도 공장시설 자체에 대해서는 지상접근만을 통제할 뿐 공중접근에 관한 한 별다른 관리를 하지 못한다는 점에서 상대적 관리성만을 갖추고 있지만, 제 5 순회항소법원은 건설공사가 완료되지 아니한 미완성의 공장시설에 지붕이나 덮개를 씌워서 비밀로 관리해야 한다면 지나치게 많은 비용이 드는데 공장시설 자체의 영업비밀로서의 경제적 가치와 비교하여 그러한 엄격한 의미의 비밀성과 관리성을 요구할 필요는 없다고 전제하고, 사진사의 공중촬영행위는 영업비밀침해에 해당된다고 판시하였다. 영업비밀에 해당되는지 여부를 판단함에 있어서, 비밀로 관리하는 데 소요되는 限界費用(Marginal cost)이 영업비밀침해로 인하여 입게 될 限界期待損失(Marginal expected economic loss)과 일치하는 정도의 관리비용을 지출하였고, 그것이 공연히 알려지지 아니한 비밀정보라면 영업비밀에 해당되는 것으로 보아야 할 것이라는 경제학적 분석도 있다.[8]

---

6) 대법원 2003.1.24. 선고 2001도4331 판결 참조.

7) 431 F. 2d 1012(5th Cir. 1970), cert. denied, 400 U.S. 1024(1971).

라. 營業活動에 有用한 情報

영업비밀은 생산방법·판매방법 기타 영업활동에 유용한 기술상 또는 경영상의 정보를 말한다. 영업비밀은 기술적인 혁신이나 진보에 관한 정보나 아이디어뿐만 아니라 효율적인 경영에 도움이 되는 정보나 아이디어도 포함하는 개념이다. 노하우(know-how)는 주로 생산기술에 관한 지식과 경험에 한정된다는 점에서 경영상의 정보도 포함하는 영업비밀과 다소의 차이가 있다.

마. 有體物에의 固定與否

구체적인 기술상 또는 경영상 정보가 부정경쟁방지법에 의하여 보호될 수 있는 영업비밀에 해당되는가 여부는 구체적인 사안에 따라 판단되어질 사실문제이겠지만, 보호대상으로서의 영업비밀의 개념으로서 이론상 문제되는 논점 가운데 그러한 영업비밀이 서류에의 기재 등과 같이 유형물에 고정되어 있어야 보호대상으로서의 영업비밀로 되는가 하는 문제가 제기될 수 있다. 이에 관하여는 우리 부정경쟁방지법에도 아무런 규정이 없고, 외국입법례에서도 유형물에의 고정을 요구하는 경우는 없는 것으로 생각된다. 다만 유익한 참고가 될 수 있는 미국판례 하나를 소개하면, Allen v. Johar 사건[9]에서 원고 Johar는 각종 운동기구나 공구 또는 오토바이 등의 손잡이를 제조하는 회사이고, 피고 Allen은 원고회사에서 종업원으로서 약 9년간 근무한 후 퇴직하여 독자적으로 새로운 회사를 설립하여 원고 제품과 유사한 손잡이를 제조하여 판매하기 시작하였고,

---

8) Note, Trade Secret Misappropriation: A Cost-Benefit Response to the Fourth Amendment Analogy, 106 Harv. L. Rev. 461.

9) 308 Ark. 45, 823 S.W.2d 824(1992).

원고는 피고가 손잡이 제조설비의 디자인과 고객명부를 훔쳐갔다고 주장하면서 營業秘密侵害의 금지와 손해배상을 청구하는 소송을 제기하게 되었다. 이 사건에서 피고는 원고회사로부터 어떠한 서류나 재산도 훔쳐간 바가 없다고 전면 부인하였다. 운동기구 등의 손잡이는 인체공학적 지식도 필요하지만 소비자의 취향도 고려해야 하는 상당히 경쟁이 치열한 시장을 형성하고 있기 때문에 제품의 사소한 차이가 시장점유율에 커다란 차이를 가져다 주고, 그러한 점에서 제조기술 정보와 고객정보는 중요한 영업비밀에 해당된다고 전제하고, 사건을 담당한 아르켄서스 최고법원은 피고의 제품이 원고회사의 제조설비디자인과 제조기술을 이용하여 제조된 것임을 인정하고, 특히 설사 피고가 고객명부 등의 서류를 훔쳐가지 않았다고 하더라도 영업비밀침해의 성립에는 아무런 지장이 없다고 판시하였다. 다시 말해서, 특정 영업비밀이 서류에 기재되어서 유형물로 존재하는가 아니면 무형물로 존재하는가는 영업비밀로 보호받을수 있는지 여부에 아무런 영향을 미치지 아니하며, 따라서 피고가 관련된 서류를 훔치지 않고 머릿속으로 기억해서 퇴직후 이용한 경우에도 營業秘密侵害의 책임을 면할 수는 없는 것이라고 판시하였다. 즉, 영업비밀은 그 존재 형태와 무관하게 보호될 수 있다는 점이 명백히 확인된 것이다.[10] 이 사건에서 주목해야 할 또 하나의 판시내용은, 법원이 영업비밀의 침해금지를 명령함에 있어서 필요이상의 금지를 해서는 아니된다고 전제한 후, 顧客情報는 제조설비 디자인과는 달리 營業活動의 자유에 밀접히 관련되어 있기 때문에 제한된 기간동안만 보호되어야 할 것이라고 판

10) Michael J. Ptak, Commercial torts-trade secrets-Arkansas extends trade secret protection to customer lists under the Arkansas Trade Secrets Act, 14 University of Arkansas at Little Rock Law Journal(ISSN 0162-8372) pp.693-716(Summer '92).

시하면서, 피고는 18개월 동안 원고의 고객명부에 기재된 고객을 접촉하지 못하도록 하는 제한적 금지명령을 내리게 되었다는 사실이다.

바. 營業秘密의 保護範圍

문제된 정보가 비밀성, 경제성, 관리성의 모든 요건을 갖추어서 영업비밀로서 보호될 수 있는 것이라고 판단된 경우에 다음으로 문제될 수 있는 논점은 그러한 영업비밀이 어떠한 범위의 보호를 받는가 하는 보호범위의 문제에 관한 것이다. 우리 不正競爭防止法은 영업비밀 침해행위를 열거하면서 영업비밀에 관한 일련의 부정한 취득, 사용, 공개의 행위를 예시하고 있는바, 그 규정을 종합적으로 고려해 보면, 퇴직 종업원이나 경쟁업체가 영업비밀을 사용하여 동일한 제품을 만든 경우에만 영업비밀침해로 되는 것은 아니고, 영업비밀의 취득과 공개까지도 포함하여 상당히 넓은 범위의 보호를 해주고자 하는 입법의도가 명백히 나타나고 있다. 다만 퇴직 종업원이나 경쟁업체가 영업비밀을 그대로 이용한 경우뿐만 아니라 그러한 영업비밀을 약간 변경하거나 개량하여 유사한 제품을 만드는 행위도 영업비밀침해로 보아야 할 것인가에 관해서는 명문의 법규정이 없기 때문에 법정책을 고려한 해석에 의하여 해결해야 할 과제로 남는다.

참고로, 美國法學院(American Law Institute)이 마련하여 다수의 주 입법에서 채택된 바 있는 不法行爲法再錄(Restatement of the Law of Torts)을 보면 영업비밀의 변경이나 개량으로 인하여 영업비밀침해의 책임을 면할 수 없음을 명백히 하고 있다. 즉, 퇴직 종업원이나 경쟁업체가 채택한 제조기술 등이 타인의 영업비밀로부터 유래한 것인 한 동 영업비밀에 대하여 변경이나 개량을 했다고 하는 사실만으로 영업비밀침해의 책임을 면할 수 없다고 보는 것이다. 물론 개량의 정도가 현저해서 타인의 영업비밀로부터 유래한 것이라고 볼 수 없을 정도인 경우에는 영업비밀침해의 책임을 면할 수 있을 것이지만, 그러한 정도의 현저한 개량이 아닌 한 개량이나 변경의 사실 또는 사소한 차이만을 근거로 해서 영업비밀침해의 책임을 면할 수는 없는 것이다.[11] 다만 영업비밀침해로 인정되는 경우에도 그 변경이나 개량의 정도로 인하여 영업비밀침해에 대한 손해배상액의 산정이 영향을 받게 될 수는 있을 것이다.[12] 영업비밀의 보호범위에 관한 이러한 견해는 여러 차례에 걸쳐서 미국연방법원에 의하여 확인된 바도 있다.[13] 영업비밀침해자가 자신의 노력에 의하여 타인의 영업비밀을 개량하였다는 사실만으로, 그 영업비밀의 도움에 의한 "유리한 출발(Head start)"이 가능했음을 부인할 수 없고, 따라서 영업비밀침해의 책임을 면할 수 없다는 것이 미국 판례의 확고한 입장이다.[14]

사. 逆工程의 例外

이와 같이 영업비밀에 대하여 넓은 범위의 보호가 인정된다고 하더라도, 不正競爭防止法에 의한 영업비밀의 보호는 특허법에 의한 特許發明의 보호와는 상이한 커다란 차이가 있다는 사실도 부인할 수 없다. 즉, 특허권설정등록이 되어 있는 발명의 경우에는

11) Minnesota Mining and Mfg. Co. v. Technical Tape Corp., 131 U.S.P.Q. 175(N.Y. Sup. Ct. 1961).

12) American Law Institute, Restatement of the Law of Torts, Vol. IV(St. Paul, American Law Institute, 1939), p.9.

13) 예컨대, Specialty Chemicals & Services Inc. v. Chandler, 9 USPQ2d 1793(N.D.Ga., 1988).

14) 예컨대, Cataphote Corp. v. Hudson, 422 F.2d 1290, 1294-95(5th Cir. 1970).

타인이 허락 없이 그 발명을 실시하는 행위가 特許權侵害를 구성하게 되는 데 반하여, 특허권이 설정되어 있지 아니한 단순한 영업비밀의 경우에는 제3자가 위 영업비밀을 부정한 방법으로 취득하지 아니하고 독자적으로 동일한 기술을 개발하여 이용하는 한 영업비밀침해에 해당되지 아니한다. 다시 말해서 특허발명의 경우에는 제3자가 독자적으로 연구하여 개발하였다는 사실이 특허권침해의 항변이 될 수 없지만, 영업비밀의 경우에는 영업비밀의 부정한 취득, 이용, 공개 등만이 금지될 뿐이고, 제3자가 독자적으로 동일한 기술을 연구개발하여 이용하는 것까지 금지할 수는 없는 것이다. 따라서 제3자가 특정 제품을 적법하게 취득하여 그 제품을 분해하거나 제조의 逆順으로 분석하여 위 제품의 제조에 관련된 영업비밀을 발견해내어 이용하는 소위 "逆工程(Reverse engineering)"은 영업비밀침해에 해당되지 아니한다. 물론 영업비밀침해여부에 관한 소송에서 피고가 逆工程을 주장하기 위해서는 그러한 역공정을 해온 일련의 연구과정과 실험 등에 관한 시간과 노동이 투입된 사실을 밝혀야 할 것이다. 피고가 이러한 逆工程의 항변을 제기하는 경우에, 역공정의 구체적 과정을 입증해야 할 책임이 피고에게 있는바, 원고의 영업비밀이 업계의 통상적인 지식을 가진 자의 역공정에 의하여 알아낼 수 있는 기술정보라고 하는 사실만으로 영업비밀침해의 책임을 면할 수는 없을 것이다. 역공정의 방법 등에 의하여 알아낼 수 있는 성질의 기술정보라고 하는 사실뿐만 아니라 피고 자신이 위 기술정보를 역공정의 방법에 의하여 독자적으로 알아낸 사실을 밝히지 못한다면 영업비밀침해의 책임을 면할 수 없다.[15)]

15) Imperial Chemical Industry, Ltd. v. National Distillers & Chemical Corp., 342 F.2d 737, 743(2d Cir. 1965). 원고회사에서 근무하다 퇴직한 종업원인 피고 甲과 이를 스카웃한 경쟁업체인 피고회사 乙을 상대로 제기된 모나미사건

아. 營業秘密의 保護期間: 營業秘密의 消滅時點

영업비밀에 해당되었던 기술이나 정보의 비밀성이 없어지고 일반 공중에 공개된 때에는 더 이상 영업비밀로 보호받을 수 없다. 타인의 영업비밀을 침해한 이후 일반 공중에 공개됨으로써 비밀성을 상실하게 된 경우에, 영업비밀을 침해한 이후 일반 공중에 공개될 때까지의 사이에 영업비밀의 침해로 인한 손해가 발생한 경우에 영업비밀의 보유자는 그러한 손해의 배상을 청구할 수 있을 것이다.

그러나 영업비밀침해의 금지를 허용할 것인지 여부에 대해서는 약간의 논란이 있다. 일단 가해자가 영업비밀을 무단으로 이용한 이후에 영업비밀의 보유자가 스스로 그 영업비밀에 해당되는 기술을 대상으로 한 특허출원을 함으로써 영업비밀이 일반 공중에 공개된 경우에는, 일반 공중에 공개함으로써 더 이상 영업비밀로 보호해 주어야 할 비밀의 기술이나 정보가 없기 때문에, 영업비밀 보유자는 자신의 영업비밀이 일반 공중에 공개된 이후에는 침해금지청구권을 행사할 수 없다.[16] 이와는 대조적으로, 가해자가 비밀유지의무를 가지고 있음에도 불구하고, 그 영업비밀을 무단으로

에서 서울지방법원 남부지원도 피고가 스카웃된 지 단기간 내에 피고회사가 경쟁적 제품을 개발하였다는 점과 특히 피고회사가 독자적인 연구개발이나 역설계방법 등에 의하여 위 제품을 개발하였음을 보여주는 "개발일지" 같은 자료를 제출하지도 못하고 있는 점을 중시하여 피고들의 영업비밀침해를 인정한 바 있다(서울지방법원 남부지원 1995.2.22 선고 94가합3033 판결). 대법원 1999.3.12. 선고 98도4704 판결에서는 역공정의 방법 등에 의하여 알아낼 수 있는 기술정보일지라도, 영업비밀보유자인 회사가 직원들에게 비밀유지의무를 부과하는 등 기술정보를 엄격하게 관리하는 이상, 위 기술정보를 영업비밀로 보는 데에 지장이 없다고 판시하였다.

16) Conmar Products Corp. v. Universal Slide Fastener Co., 172 F.2d 150 (2nd Cir. 1989).

이용할 뿐만 아니라 그 영업비밀을 일반 공중에의 공개에 적극적으로 기여하거나 주도한 경우에는, 가해자가 영업비밀침해금지의 청구에 대해서 영업비밀이 소멸되었다는 항변을 하는 것은 자기모순이고 禁反言의 原則에 반하는 것이다.[17)]

3. 營業秘密保護의 方法

가. 營業秘密保有者의 權利

영업비밀의 법적 보호에 관한 방법으로는 여러 가지가 있을 수 있겠으나, 우선 영업비밀 보유자와 종업원 등과의 사이에 비밀유지에 관한 계약이 체결되어 있는 경우에 그러한 계약에 근거해서 영업비밀을 보호할 수 있고, 그러한 계약이 존재하지 않거나 존재하더라도 계약조건과 무관하게 영업비밀의 침해가 위법한 것이라고 판단되면 그에 대한 손해배상 등의 청구에 의해서 구제될 수 있을 것이다. 계약을 근거로 해서 영업비밀을 보호하는 방법은 별도의 입법이 없더라도 당사자간의 자유로운 계약의 체결에 의해서 보호가 이루어질 수 있다는 점에서 용이한 보호방법이다.[18)] 여기에서 비밀유지에 관한 계약이라고 함은 명시적인 계약뿐만 아니라 신의칙상 또는 묵시적으로 그러한 의무를 부담하기로 약정했다고 보아야 할 경우, 즉 묵시적인 계약도 포함되는 것이고, 이와 같이 비공개정보를 비밀로서 유지해야 할 계약상 의무는 계약관계

---

17) Shellmar Products Co. v. Allen-Quallery Co., 87 F.2d 104 (7th Cir.).

18) 이러한 이유에서 영미의 판례를 보면 계약법적 보호가 가장 빈번히 원용되는 이론구성이다: Mixing Equipment Co. v. Philadelphia Gear, Inc., 312 F. Supp. 1269 (E.D.Pa. 1970).

존속 중은 물론 종료(퇴직) 후라도 상당기간 부담하는 것으로 해석될 수 있다.[19] 당사자간의 계약을 근거로 해서 영업비밀의 보호를 주장하는 경우에 손해배상 이외에 침해금지의 청구도 가능한지 여부에 대해서는 논란의 여지가 있으나,[20] 영업비밀유지계약 자체가 영업비밀을 침해하지 아니할 不作爲義務를 포함하고 있고, 따라서 그러한 지위의 보전을 위해서 침해금지의 가처분을 신청할 수는 있다고 해석되어 왔고,[21] 우리 법은 명문으로 이를 인정하고 있다(부정경쟁방지법 제10조). 그러나 계약법적 보호는 당사자간에 명시적인 계약이든지 묵시적인 계약이든지 계약이 존재하는 경우에만 가능하기 때문에, 그러한 계약관계가 전혀 존재하지 않는 제 3 자의 영업비밀침해로부터 보호받을 수는 없다는 커다란 한계를 가지고 있고, 침해에 대한 손해배상청구 및 침해금지의 가처분신청도 계약상의 시간적·장소적 조건에 의한 제한을 받을 수 있음은 물론이다.

제 3 자가 타인의 영업비밀을 허락 없이 공개하거나 도용하는 등의 행위가 위법하다고 판단되어 불법행위가 성립된다면, 영업비밀의 보유자는 손해배상청구권 등을 행사함으로써 구제받을 수 있을 것이다(부정경쟁방지법 제11조). 여기에서 어려운 문제는 제 3 자의 영업비밀 무단공개나 이용행위가 위법한 것인지, 즉 불법행위에 해당되는지 여부의 문제이다. 다시 말해서, 타인의 영업비밀이

19) 서울지방법원 남부지원 1995.2.22. 선고 94가합3033 판결; 서울지방법원 남부지원 1995.2.22. 선고 94가합4661 판결; 대법원 1996.12.23. 선고 96다16605 판결.

20) 영업비밀에 대해서 그 보유자가 가지는 권리가 물권이나 인격권에 유사하다고 본다면, 그 권리 속성상 보유자에게 침해금지청구권을 인정할 수 있겠지만, 그렇지 아니한 경우에는 영업비밀의 침해가 불법행위로 된다는 사실만에 의해서 침해금지청구권이 당연히 인정되는 것은 아니다.

21) 水田耕一, 〔營業自由制限の特約〕, 別策 ジュリスト 保全判例 百選, 36면.

특허발명으로 등록된 기술도 아님에도 불구하고, 계약상 아무런 의무도 부담하지 않는 제3자가 그러한 영업비밀을 공개하거나 이용하는 행위를 위법하다고 볼 수 있는지 여부의 문제는 영업비밀의 보호에 관한 사회적 필요성이나 사회적 합의가 존재하지 않는 한 단언하기 어렵다. 또한 설사 영업비밀침해가 불법행위에 해당된다고 보더라도, 반드시 영업비밀의 보유자가 침해자에 대해서 손해배상청구권 이외에 침해 자체의 금지를 청구할 수 있다고 보기는 어렵다. 현행 민법은 물권의 침해에 대해서만 그 만족적 구제의 방법으로 침해금지청구권을 인정하고 있을 뿐인데, 영업비밀이 민법상 물권 또는 그에 준하는 권리의 보호대상이라고 볼 수 없는 한[22] 그 침해에 대해서 민법상 불법행위규정의 해석에 의해서 침해금지청구권을 이끌어낼 수는 없을 것이다. 따라서, 일정한 유형의 영업비밀 침해행위가 위법한 것인지 여부에 관한 논란을 종식시키고 영업비밀의 침해에 대해서 손해배상청구권, 신용회복청구권 이외에 침해금지청구권까지 부여하기 위한 입법적 방안으로 不正競爭防止法의 개정을 하게 된 것이다(부정경쟁방지법 제10조, 제11조, 제12조).

나. 營業秘密保有者의 權利의 性質

부정경쟁방지법에 의해서 영업비밀을 보호하고 그 침해에 대하여 침해금지청구권을 부여하는 것은 영업비밀보유자에게 물권 또는 물권에 유사한 권리를 부여한 것인가? 만일 영업비밀보유자에게 물권 또는 그에 유사한 권리를 부여한다면 그 보유자는 영업비밀을 배타적으로 사용・수익・처분할 수 있는 지위를 가진다고

22) Ruckelshaus v. Monsanto Co., 564 F. Supp. 552(E.D. Mo. 1983); 467 U.S. 986 (1984).

해석되는데, 우리 부정경쟁방지법은 보유자에게 그러한 배타적 지위를 부여한 것으로 보기 어렵다. 부정경쟁방지법은 무엇이 영업비밀의 침해에 해당되는지를 규정하면서 일정한 유형의 위법한 행위유형에 한정하고 있고(부정경쟁방지법 제 2 조), 침해금지청구권과 손해배상청구권의 요건을 규정함에 있어서는 영업비밀보유자의 영업상 이익이 침해되거나 침해될 우려가 있을 것을 요구하고 있으며, 제품의 분석을 통해서 영업비밀과 동일한 기술을 독자적으로 알게 되거나 통상적인 거래과정에서 정당하게 영업비밀을 취득하게 된 경우에는 영업비밀의 침해에 해당되지 않는다는 점을 분명히 하고 있다는 점에서(부정경쟁방지법 제13조), 영업비밀보유자가 물권적 지위를 가지고 있다고 말하기는 어렵다. 또한 우리 부정경쟁방지법에 의하면, 영업비밀보유자가 영업비밀침해행위로 인해서 영업상의 이익이 침해된 사실을 알게 된 때로부터 3년 또는 침해행위가 시작된 날로부터 10년이 경과한 때에 영업비밀침해금지청구권은 소멸한다고 하는 消滅時效期間이 규정되어 있는데(부정경쟁방지법 제14조), 이와 같은 소멸시효가 규정되어 있는 것은 바로 그러한 시효기간이 경과하면 더 이상 위법성을 주장하거나 입증하기 어렵게 되기 때문이고, 이 점에서도 영업비밀보유자의 권리가 토지 등에 대한 소유권과 다른 성질의 권리라는 점을 확인할 수 있다.

부정경쟁방지법은 영업비밀보유자에게 손해배상청구권과 침해금지청구권 등의 구제수단을 부여해줌으로써 영업비밀에 관한 재산적 이익을 향유할 수 있는 법적 지위를 부여한 것이다. 영업비밀보유자 자신의 영업비밀에 대해서 가지는 재산적 이익 또는 권리가 소유권과는 성질을 달리하지만 일종의 재산권으로서 이용허락(license) 등의 방법으로 상업화할 수 있다. 이러한 영업비밀보유자에게 침해금지청구권을 부여한 것은 자동차사고 등의 일반불법행위와는 달리, 침해행위의 계속성으로 인해서 손해배상만으로는 만족적 구제를 해줄 수 없기 때문이다. 영업비밀보유자에게 그러한 지위를 인정해 주는 것은 다른 한편으로 제3자에게도 상당한 영향을 미치는 것이기 때문에, 우리 부정경쟁방지법은 그 부칙에서 경과규정을 두고 1991년 개정 부정경쟁방지법이 시행되기 이전에 영업비밀을 취득한 자가 법 시행후에 사용하는 경우에는 부정경쟁방지법이 적용되지 않는다고 규정하게 된 것이다. 대법원은 부정경쟁방지법의 부칙에 경과규정을 둔 점을 강조하면서 법시행 전에 취득한 영업비밀을 시행 후에 사용하는 행위가 위법한 행위라고 볼 만한 특별한 사정이 입증되지 않는 한 불법행위가 성립된다고 보기 어렵다고 판시한 바 있다.[23)]

4. 營業秘密의 歸屬

영업비밀에 대한 권리는 그 영업비밀을 개발해서 보유하고 있는 자에게 속하게 된다. 다만 영업비밀이 종업원에 의해서 개발된

23) 대법원 1996.11.26. 선고 96다31574 판결. 그러나 이 판결은 계약법적 보호에 대해서 검토하지 아니한 아쉬움을 남겼다. 다시 말해서, 영업비밀의 보호가 불법행위 또는 물권법이론에 의해서만 가능한 것은 아니고 당사자간 계약을 토대로 해서도 이루어질 수 있는 것인데, 대법원은 부정경쟁방지법의 해석에만 집중한 나머지 그러한 계약법적 보호에 대해서는 충분한 검토를 하지 못한 것으로 보인다. 설사 문제된 사건에서 영업비밀의 무단사용이 부정경쟁방지법 위반에 해당되지 않고, 따라서 불법행위가 성립되지 않는다고 하더라도, 당사자간에 체결된 비밀유지의무에 관한 계약의 해석상 퇴직 후에도 신의칙상 계속해서 비밀유지의무를 가진다고 볼 수 있다면 그러한 계약의 위반으로 보아서 손해배상을 인정할 수도 있지 않는가 하는 문제점이 제기된다.

경우 종업원과 그 종업원을 고용한 기업 가운데 누가 영업비밀에 대한 권리를 가지는지에 대해서는 조금 신중한 검토를 필요로 한다.

가. 契約이 있는 境遇

기업이 종업원과의 사이에 영업비밀의 귀속에 관한 계약을 해둔 경우에는 그 계약에 따른다. 영업비밀의 귀속에 관한 약정을 하는 방식으로는 근로규칙이나 근로계약에 정해두는 방식 이외에 아이디어제안서에 정해두는 방식이 있을 수 있다. 대부분의 아이디어제안서(suggestions form)는 종업원으로 하여금 제안하고자 하는 기술이나 정보를 기재하도록 하고, 그 채택여부와 그에 대한 보상여부는 기업이 일방적으로 정하고, 기업이 채택해서 사용하게 된 기술이나 정보는 기업에 귀속된다는 점을 정하고 있다.

종업원의 직무범위 내에서 개발된 영업비밀에 대한 권리가 기업에 귀속된다고 약정한 경우에 그 계약의 해석에는 별 어려움이 없을 것이다. 그러나 종업원이 직무범위와 무관하게 개발한 기술이나 획득한 정보까지도 기업에 귀속된다고 약정하거나 그렇게 해석할 수 있는지의 문제는 간단하지 않다. 종업원의 직무범위와도 무관하고 기업의 시설이나 근무시간 밖에서 개발된 기술이나 정보의 경우에는, 계약의 자유보다는 경쟁의 자유 내지 직업선택의 자유를 중시해서 계약의 효력을 부인해야 할 경우도 있을 것이다. 또한 근로계약이 해지된 이후에 착안하게 된 기술에 대해서까지 기업이 권리를 가지도록 한 계약조항도 마찬가지로 공서양속에 반하여 무효라고 볼 수 있다.

나. 契約이 없는 境遇

영업비밀의 귀속에 관한 계약이 없는 경우에도 종업원에 의해서 개발된 기술이나 정보가 기업에 귀속되는가? 영업비밀의 귀속에 관한 명시적인 계약이 없어도 근로계약의 해석상 그 귀속에 관한 묵시적인 합의가 있다고 볼 것인가라고 하는 계약해석의 문제이기도 하고, 부정경쟁방지법에서의 영업비밀보호의 입법취지에 비추어 누구에게 권리를 귀속시키는 것이 그 입법취지에 더 부합되는가라고 하는 법해석의 문제이기도 하다.

참고로, 발명진흥법과 저작권법에서 종업원의 발명이나 창작을 어떻게 취급하고 있는지 살펴볼 필요가 있다. 발명진흥법은 종업원이 직무상 발명한 기술에 대해서 종업원이 특허권을 취득하고 사용자 또는 기업은 통상실시권(non-exclusive license)만을 가지는 것을 원칙으로 하고 종업원이 사용자 또는 기업에 특허권을 양도하기로 합의한 경우에도 그에 대한 보상을 하도록 규정하고 있다.[24)] 이와는 대조적으로, 저작권법은 종업원이 작성한 저작물이 사용자 또는 기업의 명의로 공표되면 사용자 또는 기업이 저작권을 취득할 뿐만 아니라 그 저작물의 저작자로 취급된다고 규정하고 있어서(저작권법 제 9 조), 그와 반대되는 취지의 계약이 없는 한 종업원의 저작물은 사용자 또는 기업에 귀속된다고 보고 있다. 요컨대, 발명진흥법은 특약이 없는 한 종업원의 직무상 발명이 종업원에 귀속된다고 보는 데 반해서, 저작권법은 특약이 없는 한 종업원이 직무상 저작한 저작물이 사용자 또는 기업에 귀속된다고 보는 전혀 상반된 법정책을 보여주고 있다.

---

24) 구 특허법 제39조 및 제40조는 2006.3.3. 법 개정으로 삭제되었다. 발명진흥법 제10조 내지 제19조는 종업원 직무발명을 촉진·활성화시키기 위해 권리의 귀속 및 보상 등에 관하여 규율하고 있다.

영업비밀이 발명진흥법상의 발명이나 저작물에 해당될 수 있고, 종업원이 개발한 기술에 대해서 특허출원하거나 저작물로 공표한 경우에는 전술한 직무발명에 관한 발명진흥법 규정 또는 단체명의저작물에 관한 저작권법 규정에 따라서 그에 대한 권리가 귀속된다. 종업원이 개발한 기술이나 정보가 비밀로 유지되어 부정경쟁방지법상 보호될 수 있는 영업비밀에 해당되는 경우에는, 사용자 또는 기업과의 계약에 의해서 그 귀속을 정하지 않는 한, 그 비밀성의 특성으로 인해서 종업원이 개발한 기술이나 정보는 일단 그 종업원에게 귀속된다고 해석된다. 다만 종업원이 스스로 개발한 기술이나 정보를 사용자 또는 기업에 알리거나 직무상 사용하는 과정에서 그에 대한 권리의 귀속에 관한 명시적 또는 묵시적 합의가 이루어지는 경우가 많을 것이다. 특히, 첨단기술과 지적산물에 관한 기업의 투자경향에 비추어 볼 때, 종업원이 그 직무범위 내에서 기업의 시설과 근무시간을 이용하여 개발하게 된 영업비밀은 기업에 이전하기로 하는 묵시적 합의가 있다고 볼 수 있는 경우가 많을 것이다.[25]

다. 從業員의 一般知識과 技術

계약의 유무에 관계없이 종업원의 일반지식과 기술(general knowledge and skills)은 종업원에 귀속된다. 종업원의 일반지식과 통상적인 기술은 그 개념상 영업비밀에 해당되지도 않고 특히 종업원이 가진 최소한의 생계수단이기 때문에, 경쟁의 자유 및 직업선

25) 미국의 사례를 보면 명시적인 계약이 없는 경우에 종업원에게 권리가 귀속된다고 본 판례도 있었지만, Standard Parts Co. v. Peck, 264 U.S. 52(1924)의 미국연방대법원판결 이후에는, 명시적 계약 여부에 관계없이 종업원이 직무범위 내에서 개발한 영업비밀이 기업에 귀속된다고 해석하고 있다.

택의 자유의 중요성에 비추어 종업원의 일반지식과 기술까지 사용자 또는 기업에 귀속된다고 약정하는 것은 무효라고 해석된다. 여기에서 문제되는 것은 무엇이 종업원의 일반지식과 통상적인 기술이고 어디에서부터가 영업비밀에 해당되는가의 문제이다.

종업원의 일반지식과 기술은 종업원의 교육과 경험에 비추어 통상적으로 갖추고 있다고 간주되는 지식과 기술을 말한다. 특히 종업원이 근로계약을 체결해서 근무하기 시작할 당시에 종업원이 갖추고 있는 지식과 기술수준에 관해서는 사용자 또는 기업이 어떠한 권리도 주장할 수 없을 것이다. 그러나 종업원이 그 직무를 수행하는 과정에서 새롭게 획득한 기술과 정보는 영업비밀로서 보호의 대상이 될 수 있다. 종업원이 직무수행상 획득한 기술과 정보가 기존의 일반지식과 기술을 토대로 해서 획득한 것인 경우에도 논리필연적으로 종업원에 귀속된다고 볼 수는 없다.

5. 營業秘密의 侵害

부정경쟁방지법은 직접 또는 간접으로 절도나 비밀유지의무위반 등의 부정한 수단으로 영업비밀을 취득하거나 그와 같이 부정취득한 영업비밀을 사용·공개하는 행위를 영업비밀침해행위로 규정하고 있다. 제3자가 절취, 기망, 협박 등의 수단에 의해서 영업비밀을 취득하거나 사용·공개하는 경우에는 보호대상이 무엇인지 그리고 침해행위가 무엇인지 판단하는 것이 비교적 쉽지만, 영업비밀보유자의 종업원과 같이 일정한 계약관계에 있는 내부자에 의해서 영업비밀이 침해되었다고 주장하는 경우에는, 과연 종업원의 일반지식(general knowledge)과 영업비밀을 어떻게 구별하고 종업원이 어떠한 범위의 비밀유지의무를 부담하는지의 문제가 어려운 문제로 제기된다. 따라서, 영업비밀침해의 판단은 비밀유지의무를 확인하는 것으로부터 시작된다.

가. 秘密維持義務의 發生

종업원이 고용주와의 사이에 체결한 근로계약이나 취업규칙에 명백히 營業秘密漏泄禁止 등의 秘密維持義務가 규정되어 있는 경우에는 계약위반과 영업비밀침해의 책임을 추궁할 수 있음에 이론의 여지가 없지만, 그러한 근로계약이나 취업규칙에서 비밀유지의무를 명백히 규정하고 있지 않는 경우에는 문제가 간단하지 아니할 것이다. 특히 우리 부정경쟁방지법은 "계약관계 등에 의하여 영업비밀을 비밀로서 유지하여야 할 의무가 있는 자가 부정한 이익을 얻거나 그 영업비밀의 보유자에게 손해를 가할 목적으로 그 영업비밀을 사용하거나 공개하는 행위"를 營業秘密 侵害行爲로 규정(부정경쟁방지법 제2조 3호 라목)하고 있는데, 당해 계약에 비밀유지의무가 명백히 규정되어 있어야 하는지 여부에 대하여 아무런 언급을 하고 있지 않기 때문에 논리적 해석의 어려운 과제가 남아 있다. 즉, 부정경쟁방지법의 위 규정의 해석상 문제되는 점은, 위 규정이 근로계약하의 종업원에게 비밀유지의무를 부과한 규정인지 아니면 비밀유지의무가 있는 종업원등을 전제로 하여 그러한 종업원의 영업비밀침해행위를 규정한 것인지 여부, 그리고 비밀유지의무가 있는 종업원의 경우에도 그러한 종업원의 근로계약기간중의 영업비밀침해행위만을 규정하고 있는 것인지 아니면 계약기간 만료 후, 즉 퇴직 후 영업비밀의 사용 또는 공개까지도 영업비밀 침해행위로 보는 것인지 여부이다.

첫째, 부정경쟁방지법의 규정이 문맥상 종업원에게 비밀유지의무를 부과한 규정으로 해석될 수 있는지는 불분명하지만, 종업원의 근로계약기간 중 영업비밀침해행위를 금지할 수 있는 근거규정으로는 될 수 있다고 보여진다. 왜냐하면, 근로계약에 비밀유지의무가 명시되어 있지 아니한 경우에도, 예컨대 이사 등의 임원에 대해서는 명시적으로 비밀유지의무가 부과되어 있고,[26] 일반 근로자에 대하여는 勤勞契約에 기한 근로자의 성실의무의 내용으로서 비밀유지의무가 있다고 보는 것이 일반적인 견해이기 때문에, 그러한 종업원이 근로계약기간 중 영법비밀을 사용 또는 공개하는 것이 부정경쟁방지법에 의하여 영업비밀침해행위로 되는 것으로 해석함에는 어려움이 없을 것이다. 최근의 모나미 사건에서 대법원도 "계약관계 등에 의하여 영업비밀을 비밀로서 유지할 의무"라 함은 계약관계 존속 중은 물론 종료 후라도 상당기간 부담하는 것으로 해석될 수 있고, 또한 반드시 명시적으로 계약에 의하여 비밀유지의무를 부담하기로 약정한 경우뿐만 아니라 인적 신뢰관계의 특성 등에 비추어 신의칙상 또는 묵시적으로 그러한 의무를 부담하기로 약정하였다고 보아야 할 경우를 포함한다고 보아야 한다는 하급심판례가 있다.[27]

다만 근로계약 등에 명시적인 비밀유지의무 규정이 없으면, 종업원이 지켜야 할 구체적인 비밀유지의무의 범위가 어떠한 것인지 불분명하게 될 것이기 때문에, 영업비밀 보유자가 주장하는 영업비밀침해행위가 그러한 묵시적 비밀유지의무의 범위 내에 속하는 것이라는 것을 입증하기 어려운 경우도 있을 것이다. 영미에서도 종업원의 黙示的 秘密維持義務(Implied duty of confidence)를 인정하고, 그 구체적 내용은 근로기간이나 종업원의 직무 등의 전반적

26) 상법 제382조의4, 제415조.

27) 서울지방법원 남부지원 1995.2.22. 선고 94가합3033 판결; 서울지방법원 남부지원 1995.2.22. 선고 94카합4661 판결; 대법원 1996.12.23. 선고 96다16605 판결.

상황을 종합적으로 고려하여 판단되어질 것이다.[28)]

나. 退職後의 秘密維持義務

종업원이 퇴직 후에도 영업비밀유지의무를 부담하는지 그리고 퇴직 후에도 비밀유지의무를 부담한다면 위 의무의 시간적·장소적 범위는 어떻게 되는지에 관한 판단은 아주 어려운 해석의 문제 내지 정책적 판단의 문제를 내포하고 있다. 다시 말해서, 종업원의 비밀유지의무가 계약상 명시적으로 퇴직 후에까지 적용되는 것으로 규정되어 있지 않는 한, 근로계약의 일부로서 당연히 그 시간적 효력범위도 근로계약기간과 마찬가지로 판단되어야 할 것인지, 아니면 비밀유지의무의 특성상 퇴직 후에까지 비밀을 사용 또는 공개해서는 안 된다는 내용의 의무로 해석해야 할 것인지, 그리고 영업비밀 보유자의 배타적 권리의 속성상 퇴직한 종업원도 일정한 영업비밀유지의무를 부담하는지 등에 대하여 많은 논의가 있어 왔다. 우리 부정경쟁방지법도 비밀유지의무를 가진 종업원 등의 영업비밀의 사용 또는 공개가 영업비밀침해행위라고만 규정하고 있을 뿐, 비밀유지의무의 시간적 효력범위에 대해서는 구체적인 언급을 하고 있지 않다. 생각건대, 근로계약과 비밀유지의무의 성질 및 영업비밀보유자의 배타적 지배권의 속성을 고려해 볼 때, 근로계약 만료 후의 비밀유지의무에 관한 특약이 없더라도 종업원은 퇴직 후에 그 고용주 또는 영업비밀의 보유자를 해하지 아니할 의무를 가진다고 보는 것이 타당하다. 또한, 퇴직 후의 비밀유지의무에 관한 명시적인 계약규정이 없다고 해서, 종업원의 퇴직 후 영업비밀의 사용 또는 공개를 방임하는 것은 우리 不正競爭

28) Surgidev Corp. v. Eye Technology, Inc., 648 F. Supp. 661(D. Minn. 1986), aff'd. 828 F.2d 452(8th Cir. 1987).

防止法의 營業秘密侵害行爲 금지의 규정을 死文化하고, 그 법목적 실현을 불가능하게 만들 것이다. 종업원으로서는 영업비밀을 사용 또는 공개하기 위해서 대부분의 경우에 퇴직하여 새로운 회사를 만들거나 경쟁업체에 스카웃되어 가는데, 퇴직이라는 사실만으로 계약상의 책임 또는 부정경쟁방지법상의 책임을 피할 수 있도록 해석한다면, 현실적으로 계약이 무의미하게 되고 위 법의 영업비밀침해행위로 책임을 지는 경우란 거의 없게 될 것이기 때문이다.

특히 우리 부정경쟁방지법은 영업비밀침해행위를 규정하면서 "절취, 기망, 협박 기타 부정한 수단으로 영업비밀을 취득하는 행위" 및 관련행위를 비교적 광범위하게 포함시키고 있고, 그러한 영업비밀침해행위는 필연적으로 종업원의 영업비밀 침해뿐만 아니라 제 3 자에 의한 침해도 포함되는 것이기 때문에, 우리 부정경쟁방지법에 의한 영업비밀 보호는 단순히 계약상의 비밀유지의무에 따른 영업비밀 보호를 법적으로 확인해 주는 정도의 보호라기보다는, 영업비밀이라고 하는 지적 재산 또는 배타적 지배권의 객체를 침해하는 것을 일종의 불법행위로 보고, 그 구제수단으로서 금지청구권과 손해배상청구권을 인정하는 명문의 규정을 둔 것으로 볼 수 있다. 이와 같이 영업비밀을 배타적 지배권의 대상으로 본다면, 종업원의 비밀유지의무가 퇴직 후라고 해서 아주 없어진다고 보기는 어렵고 퇴직한 종업원도 퇴직한 후 합리적인 범위 내의 기간과 장소적 범위 내에서는 영업비밀이라고 하는 지적 재산을 침해해서는 안 된다고 해석된다.[29]

미국의 하급심판례도 동일한 견해에 입각하고 있다. 즉, 계약상 명시적 비밀유지 의무뿐만 아니라 묵시적 비밀유지의무도 종업원의 퇴직 후에까지도 적용되는 것이 확립된 판례의 입장이다. 퇴직 후의 비밀유지의무의 범위에 있어서도, 고용주가 본래 가지고 있던 영업

29) 위 94가합3033 판결; 대법원 1996.12.23. 선고 96다16605 판결.

비밀뿐만 아니라 종업원이 근로계약기간 중 근로의 일부로서 개발하게 된 영업비밀까지도 퇴직 후 비밀유지의무가 적용되는 것으로 해석되고 있고, 더 나아가 당해 종업원이 근로계약기간 중 자신의 근로시간 이외의 자유시간 또는 여가시간을 이용하여 개발한 영업비밀도 근무지에서 고용주의 시설을 이용하여 개발된 것인 한, 퇴직 후 비밀유지의무의 적용대상이 된다고 판시한 사례도 있다.[30] 다만 미국 하급심판례 가운데 종업원의 비밀유지의무를 명시적인 계약조항으로 규정해둔 경우와 그렇지 아니한 경우와의 사이에 퇴직 종업원의 영업비밀 침해 인정여부가 상이하게 판단될 수 있음을 보여주는 판례도 있어서 주목된다. 예컨대, Structural Dynamics Corp. v. Engineering Mechanics Research Corp.[31]사건에서 피고는 원고회사의 종업원으로서 비밀유지의무를 정한 계약조건하에서 범용프로그램을 개발한 후 퇴직하여 자신의 독자적인 경쟁업체를 설립하였는데, 미국연방지방법원은 피고가 당해 프로그램을 개발한 장본인이기 때문에 퇴직 후에도 당해 프로그램을 영업비밀로 유지해야 할 보통법상의 의무는 없다고 전제한 뒤, 그러나 이 사건에서 피고는 원고회사와의 사이에 합리적인 비밀유지계약을 체결하였기 때문에 동 계약에 따라서 퇴직 후에도 위 프로그램에 관한 영업비밀을 허락 없이 이용할 수 없는 것이라고 판시한 바 있다.

다. 職業選擇의 自由와의 關係

(A) 從業員의 一般的 技術과의 구별

전술한 바와 같이, 우리 부정경쟁방지법의 해석상으로도, 비

30) Chevron Oil Co. v. Tlapek, 265 F.Supp. 598(W.D.Ark. 1967), aff'd, 407 F.2d 1129(8th Cir. 1969).

31) 401 F. Supp. 1102(E.D.Mich. 1975).

밀유지의무에 관한 명시적인 계약조항이 없더라도 종업원이 퇴직 후에 일정한 범위의 비밀유지의무를 가진다고 볼 수 있다.[32] 다만 퇴직 후의 비밀유지의무가 헌법상 보장된 근로자의 직업선택의 자유를 침해하는 경우에는 공서양속에 반하는 계약으로 그 효력을 인정받을 수는 없기 때문에 그에 따른 제한이 있을 수 있다. 직업 선택의 자유와의 조화를 도모하기 위하여 고용주의 영업비밀과 종업원의 "일반적인 지식과 기술(General knowledge and skill)"을 구별할 필요가 있다. 즉, 고용주만이 가진 영업비밀은 종업원의 퇴직 후에도 비밀유지의무의 대상이 되겠지만, 종업원이 자신의 학력과 경력에 비추어 일반적으로 가질 수 있는 지식과 기술은 고용주가 독점할 수 없는 것이기 때문에 퇴직 후의 비밀유지의무의 대상이 될 수 없다는 것이다.[33] 퇴직한 종업원의 특정 지식과 정보가 영업비밀에 해당되는가 아니면 자신의 일반적인 지식과 기술에 해당되는가에 관한 구별기준을 잘 보여준 사례로서 Jostens, Inc. v. National Computer Systems[34] 사건을 들 수 있다. 이 사건에서 피고는 원고회사의 종업원으로서 비밀유지의무를 포함하고 있는 근로조건하에서 원고회사를 위하여 컴퓨터소프트웨어를 개발하였는데, 위 소프트웨어는 시중에서 공개적으로 구입할 수 있는 기존의 3개의 하부 소프트웨어를 이용하여 개발된 것이었고, 피고가 퇴직하여 다른 경쟁업체인 피고회사에 취직한 후 원고회사에서 개발한 소프트웨어와 유사한 소프트웨어를 개발하게 되자 원고회사는 영업비밀 침해를 주장하면서 소를 제기한 사건인데, 여기에서 법원은 피고

---

32) 대법원 2003.7.16.자 2002마4380 결정.

33) William R. Cornish, Intellectual Property (Sweet & Maxwell, London, 1989), p.230.

34) 318 N.W.2d 691(Minn. 1982): Laura Wheeler, Trade Secrets and the skilled employee in the computer industry, 61 Washington University Law Quarterly, pp.823-47.

회사에서 새로이 개발한 소프트웨어는 원고회사의 소프트웨어와 완전히 동일한 것이 아닐 뿐만 아니라 피고 자신의 일반적 지식과 기술을 이용하여 개발된 것이라고 판시하면서 영업비밀 침해주장을 부인하였다. 이 사건에서 원고회사의 소프트웨어에 특유한 기술이 있다면 그 기술은 영업비밀로 보호될 수 있었겠지만, 피고가 피고회사에서 이용한 지식과 기술이 원고회사의 소프트웨어와 관련된 점이 있다면 시중에서 공개적으로 구입할 수 있는 기존의 3개의 하부 소프트웨어로부터 상위 소프트웨어를 개발하는 기술과 지식이라고 볼 수 있는바, 그러한 기술과 지식은 원고의 영업비밀이라기보다 피고와 같은 프로그램전문가들이 가지고 있는 일반적인 지식과 정보라고 보아야 한다는 것이다.[35]

(B) 退職後 競業禁止

퇴직 후에 경쟁업체에의 취직을 금지하거나 또는 경쟁적인 영업의 수행을 금지하는 소위 競業禁止義務에 관한 계약조항(non-competition clause)이 있는 경우[36]에 그러한 경업금지조항이 유효한 것인지 문제된다. 특히, 경업금지의무의 기간이나 보상여부 또는 지역 및 영업의 범위 등이 제한되어 구체화되어 있지 않는 경우에는, 그러한 경업금지의무의 강제로 인해서 직업선택의 자유가 침

35) 그러한 구별기준을 전제로 하여 피고가 스카웃된 것은 피고의 일반적 지식을 이용하기 위한 것이 아니라, 피고가 원고회사로부터 습득한 특별한 지식, 기술, 경험 등을 누설하도록 하기 위한 것이라고 판단하여 영업비밀 침해를 인정한 바 있다: 서울지방법원 남부지원 1995.2.22. 선고 94가합3033 판결.

36) 우리 대법원 판례는 근로자가 전직한 회사에서 영업비밀과 관련된 업무에 종사하는 것을 금지하지 않고서는 영업비밀을 보호할 수 없다고 인정되는 경우에는 구체적인 전직금지 약정이 없더라도 부정경쟁방지법상 침해금지청구권에 기하여 위와 같은 금지조치를 구할 수 있다고 본다(대법원 2003.7.16.자 2002마4380 결정).

해될 수 있고, 따라서 그 유효성이 의문시된다.[37] 여기에서 어려운 문제는 경업금지의 합리적인 기간이나 지역의 범위는 무엇인가일 것이다. 이는 사안의 구체적인 사실관계에 따라서 판단해야 할 문제이겠지만, 기술의 발전속도가 빠른 컴퓨터산업이나 생명공학산업에서의 경업금지의 합리적인 기간은 다른 전통적인 산업에서의 합리적인 기간보다 훨씬 더 짧은 것으로 판단된다.[38] 이와 관련해서 특히 주목되는 입법례로, 미국 미시건 주의 獨占規制法은 퇴직 후의 종업원의 영업비밀누설 등의 금지 또는 경업금지를 내용으로 하는 계약조항은 그 금지기간, 지역적 제한, 금지하는 영업의 종류 등을 고려해 볼 때 합리적이라고 판단되는 경우에 한하여 유효하고, 불합리하다고 판단되는 한도에서는 법원이 합리적이라고 판단되는 내용으로 당해 계약조항의 효력을 제한할 수 있는 재량을 가지도록 규정하고 있다.[39]

(C) 禁反言의 原則

퇴직 후의 비밀유지의무 또는 경업금지의무가 계약상 명문의 규정으로 되어 있는 경우에 직업선택의 자유를 근거로 하여 그 효력을 부인할 수도 있으나, 또한 소위 禁反言의 原則에 입각하여 영업비밀 보유자의 상반된 언행으로 인하여 위 계약조항의 효력이 상실된다고 볼 수 있는 경우도 있을 것이다. 예를 들어서 영업비밀보유자인 고용주가 스스로 근로계약조건을 위반하면서 퇴직한

37) Eric J. Wittenberg, The practitioner's guide to Ohio covenant not to compete and trade secrets law in the post-employment context, 18 Ohio Northern University Law Review pp.833-76.

38) 예컨대, EarthWeb, Inc. v. Schlack, 71 F. Supp. 2d 299(SDNY 1999) 참고.

39) Section 4a of the Michigan Antitrust Reform Act(MARA): E. Frank Cornelius, Michigan's law of trade secrets and covenants not to compete: chapter two, 66 University of Detroit Law Review, pp.33-47.

종업원에 대하여 동일한 근로계약상의 비밀유지의무조항을 근거로 하여 영업비밀침해를 주장할 수 있는가 하는 문제가 생길 수 있을 것이다. 또한 영업비밀보유자인 고용주 스스로 경쟁업자의 영업비밀을 부정한 방법으로 취득하기 위한 각종 산업스파이활동을 하면서 퇴직한 종업원에 대하여 비밀유지의무 위반을 주장할 수 있는가 하는 문제도 생길 수 있다. 참고로 미국판례 가운데, 퇴직한 종업원이 근무 당시 고용주의 근로계약위반을 묵인하고 계속 근무한 사실이 있다면 퇴직한 종업원은 금반언의 원칙을 주장할 수 없다고 판시한 바 있고, 또한 고용주 스스로 산업스파이활동을 한 경우에도 고용주가 수집하고 있는 영업비밀과 퇴직한 종업원이 비밀로 유지해야 할 영업비밀이 동일한 것이 아닌 한 禁反言의 原則이 적용될 수 없다고 부정적인 판시를 한 바도 있다.[40)]

라. 營業秘密侵害 立證의 어려움

문제된 정보가 영업비밀에 해당되고 영업비밀보유자와 침해자와의 사이에 秘密維持義務가 있다거나 비밀을 침해해서는 아니될 관계가 있음을 입증한 경우에도, 영업비밀 보유자로서는 침해자가 허락 없이 자신의 영업비밀을 절취했거나 이용했다는 사실을 입증해야 한다.

영업비밀의 취득, 사용, 공개를 입증함에 있어서는, 영업비밀의 무형성이라고 하는 특징으로 인하여 대부분의 경우에 직접증거를 제시하는 것은 거의 불가능하고, 주변의 정황사실을 뒷받침하

40) Barnes Group, Inc. v. O'Brien, 591 F. Supp. 454(N.D.Ind. 1984). 보다 정확히 말하자면 이들 판결들은 모두 미국 형평법이론상 소위 "더러운 손(Unclean Hands)"을 가진 자는 형평법상 법적 보호를 주장할 수 없다는 원칙이 적용될 수 있는가를 다루고 있는바, 우리나라 법이론에 응용해 보자면 금반언의 원칙으로 생각해 볼 수 있다는 것일 뿐이다.

는 간접증거가 유일한 증거가 될 수 있다. 영업비밀침해에 관한 직접증거의 대부분은 침해자의 수중에 있고,[41] 영업비밀이라고 하는 무형재산을 부정취득하거나 사용 또는 공개하는 것을 보았다고 하는 증인도 없는 경우가 많을 것이고, 더욱이 秘密維持義務를 가진 종업원이 스스로 영업비밀을 공개했다고 자백하는 경우도 드물기 때문이다. 영업비밀의 침해를 인정한 상당수의 미국 판례는 이러한 간접증거에 입각하여 내려진 것을 알 수 있다.[42] 이러한 경우 미국 법원이 설시한 영업비밀의 취득, 사용, 공개를 인정할 수 있는 중요한 정황사실들로는, 營業秘密保有者와 종업원 사이의 오랜 기간의 근로계약관계라거나 문제된 제품들의 동일성 또는 경쟁업체의 부당히 "유리한 출발(Head start)"이나 "기획에서 제품화까지의 시간절약(Lead time)" 등을 들 수 있다.

우리 대법원 판례 중에서도 "사회통념상 영업비밀을 자신의 것으로 만들어 이를 사용할 수 있는 상태가 되었다면 영업비밀을 취득하였다고 보아야 하므로, 회사가 다른 회사의 영업비밀에 해당하는 기술정보를 습득한 자를 스카웃하였다면, 특별한 사정이 없는 한 그 회사는 그 영업비밀을 취득하였다"고 본 사례가 있다.[43]

---

41) Sims v. Mack Truck Corp., 608 F.2d 87(3d Cir. 1979), cert. denied, 445 U.S. 930(1980), on remand, 488 F.Supp. 592(E.D.Pa. 1980): Michael R. Griffinger, Strategies for ex-employer plaintiffs in trade secret actions, 34 The Practical Lawyer(ISSN 0032-6429) pp.69-84에서 재인용.

42) Richard J. Cipolla, A practitioner's guide to Oklahoma trade secrets law, past, present, and future: the Uniform Trade Secrets Act, 27 Tulsa Law Journal(ISSN 0041-4050) pp.137-79(Winter 1991).

43) 대법원 1998.6.9. 선고 98다1928 판결.

마. 營業秘密侵害의 情況事實들

첫째로 영업비밀 보유자와 종업원 사이의 오랜 기간에 걸친 근로계약관계가 중요한 정황사실로 받아들여진 사례들을 볼 수 있다.

오랜 기간에 걸친 근로계약관계하에 있던 종업원이 퇴직하여 경쟁업체에 취직하거나 경쟁업체를 설립하여 영업비밀의 사용이나 공개가 문제된 경우에, 미국 법원들은 반드시 현실적인 사용이나 공개(Actual use or disclosure)의 입증을 요구하지 않고, 종업원이었던 자가 영업비밀을 사용 또는 공개할 의도가 있었다거나 또는 더 나아가 문제된 정황을 종합적으로 고려해 볼 때 그가 영업비밀을 사용 또는 공개하였을 가능성이 높다는 정황사실만 입증되면 영업비밀침해를 인정하기에 충분한 것으로 보고 있다.[44] 우리 不正競爭防止法하에서와 마찬가지로 미국의 보통법과 대다수의 주법하에서도, 영업비밀 보유자의 종업원이었던 자를 새로이 고용한 경쟁업체가 그를 통하여 받게 된 정보가 부정취득한 영업비밀이거나 비밀유지의무를 위반하여 제공된 정보라는 사실을 알았거나 알 수 있었다면 당해 경쟁업체도 영업비밀침해의 책임을 지게 되는데, 영업비밀의 취득, 사용, 공개에 관한 직접증거가 없어서 종업원이었던 자가 영업비밀침해의 책임을 지지 않는 경우에도 전반적인 정황사실을 고려해 볼 때 경쟁업체가 문제된 영업비밀을 사용하였다고 인정될 수 있다면 종업원과는 별도로 당해 경쟁업체가 영업비밀침해의 책임을 질 수도 있는 것이다.[45]

또 하나의 중요한 정황사실로서 영업비밀보유자의 제품과 피

---

44) Surgidev Corp. v. Eye Technology, Inc., 648 F. Supp. 661(D. Minn. 1986), aff'd. 828 F.2d 452(8th Cir. 1987).

45) Electro-Miniatures Corp. v. Wendon Co., 771 F.2d 23(2d Cir. 1985).

고 즉 종업원이었던 자 또는 그를 새로이 고용한 경쟁업체의 제품과의 동일성 또는 유사성을 들 수 있다. 특히 양 제품이 동일하거나 유사하고 문제된 영업비밀의 사용 또는 공개 전후의 피고의 생산성이나 생산단가 또는 그 속도 등에 현저한 차이가 생긴 경우에는 미국 법원이 영업비밀이 사용 또는 공개된 사실을 인정한 사례가 많다.[46] 이러한 경우에 피고가 영업비밀보유자의 제품에 사소한 변경을 가하는 등의 사소한 차이는 영업비밀침해의 인정에 커다란 영향을 미치지 못한다.

추가적으로 고려되는 또 하나의 중요한 情況事實로는 "기획에서 제품화까지의 시간절약(lead time)" 또는 "유리한 출발(head start)"이라고 알려진 정황사실을 들 수 있다. 즉, 영업비밀의 부정취득, 사용 또는 공개에 의하지 않고는 관련된 시장에 보다 많은 비용과 시간을 들여서야 들어올 수 있는 경우, 다시 말해서 영업비밀로 인하여 보다 신속하고 저렴한 비용으로 시장진출이 가능해졌다고 하는 정황사실이 있으면 영업비밀의 침해가 인정된다는 사례가 있다.[47] 이와 같은 시간절약 또는 유리한 출발의 구체적이고 설득력 있는 증거로서는 영업비밀보유자와 경쟁업체의 연구개발 시간과 비용을 비교해 봄으로써 경쟁업체가 독자적인 연구개발 없이 제품 시판을 하게 되었다고 하는 수량적 증거와 전문감정이 제시될 수 있을 것이다.[48]

---

46) Atochem N. Am., Inc. v. Gibbon, No. 91-1201(D.N.J. Aug. 15, 1991).

47) Telex Corp. v. IBM, 510 F.2d 894 at 929(10th Cir. 1975)에서도 IBM직원이 Telex에 영업비밀을 가지고 갔기 때문에 Telex가 보다 신속히 문제된 제품을 시판할 수 있게 된 것임을 기초로 영업비밀침해를 인정하였다.

48) Greenberg v. Croydon Plastics Co., 378 F. Supp. 806 (E.D.Pa. 1974).

6. 救濟手段

영업비밀침해가 있는 경우에 영업비밀보유자가 가질 수 있는 구제수단으로는 금지명령과 손해배상의 청구, 신용회복청구권[49] 등을 들 수 있을 것이다. 손해배상청구에 있어서는 특허권, 상표권, 저작권의 침해에 있어서와 마찬가지로 손해액의 산정이 가장 어려운 문제이고 부정경쟁방지법 제14조의2에 규정된 손해액의 추정이 적용된다. 침해금지청구에 있어서는 부정경쟁방지법이 영업비밀의 침해금지에 관한 일반규정을 두고 있고, 「불공정무역행위 조사 및 산업피해구제에 관한 법률」은 영업비밀을 침해하는 수출과 수입 등의 무역행위의 중지 및 기타의 시정조치를 할 수 있다고 규정하고 있다.[50] 우리 부정경쟁방지법은 특히 營業秘密侵害行爲를 하고 있는 자뿐만 아니라 侵害行爲를 하고자 하는 자에 대해서도 법원에 그 행위의 금지 또는 예방을 청구할 수 있도록 하고 있다(부정경쟁방지법 제10조). 어떠한 경우에 영업비밀보유자에게 침해행위의 禁止命令(Injunction)을 청구할 수 있는 권리가 있다고 인정할 수 있는가는 다양한 미국 사례를 참고하면 도움이 될 수 있다. 예컨대, 퇴직 종업원이 경쟁업체에 새로이 취직한 경우에 영업비밀을 누설할 수밖에 없는 지위에 놓이게 되면, 영업비밀의 침해로 인하여 회복할 수 없는 손해가 발생할 현저한 위험이 있는 것으로 인정한 미국 사례가 있다.[51] 또한 그러한 경우에 영업비밀보

49) 법원은 고의 또는 과실에 의한 영업비밀 침해행위로 영업비밀 보유자의 영업상의 신용을 실추하게 한 자에 대하여는 영업비밀 보유자의 청구에 의하여 손해배상에 갈음하거나 손해배상과 함께 필요한 조치를 명할 수 있다(부정경쟁방지법 제12조).

50) 동법 제 4 조, 제10조, 제11조.

51) Allis-Chalmers Mfg. Co. v. Continental Aviation Corp., 255 F.Supp. 645

유자는 그 경쟁업체가 퇴직 종업원으로 하여금 동 영업비밀의 누설 가능성이 있는 업무에 종사하도록 하는 것을 금지할 수 있다고 판시된 바도 있다.[52] 다만 미국판례를 자세히 분석해 보면, 대부분의 경우에는 금지명령이 적용되는 기간이 정하여져 있지 않지만, 어떤 법원은 금지명령을 내리는 경우에 일정한 기간을 정하여 특정행위를 금지하는 구체화된 금지명령을 내리는 경우도 볼 수 있다. 예컨대, 영업비밀보유자가 분쟁의 대상이 된 영업비밀을 개발하는 데 3년이 소요되었다고 한다면, 법원은 영업비밀침해자로 하여금 동일한 기간, 즉 3년 동안 위 영업비밀을 침해하는 일체의 행위를 하지 못하도록 금지하는 명령을 내리게 되는 것이다.[53] 우리나라에서도 모나미 사건에서 대법원은 "영업비밀침해행위를 금지시키는 것은 침해행위자가 그러한 침해행위에 의하여 공정한 경쟁자보다 "유리한 출발(head start)" 내지 "시간절약(lead time)"이라는 우월한 위치에서 부당하게 이익을 취하지 못하도록 하고, 영업비밀보유자로 하여금 그러한 침해가 없었더라면 원래 있었을 위치로 되돌아갈 수 있게 하는 데에 그 목적이 있다 할 것이므로, 영업비밀침해행위의 금지는 이러한 목적을 달성함에 필요한 시간적 범위 내에서 기술의 급속한 발달상황 및 변론에 나타난 침해행위자의 인적·물적 시설 등을 고려하여 침해행위자나 다른 공정한 경쟁자가 독자적인 개발이나 역설계와 같은 합법적인 방법에 의하여 그 영업비밀을 취득하는 데 필요한 시간에 상당한 기간 동안으로 제한하여야 하고, 영구적인 금지는 제재적인 성격을 가지게 될 뿐만 아니라 자유로운 경쟁을 조장하고 종업원들이 그들의 지식과 능력을 발휘할 수 있게 하려는 공공의 이익과 상치되어 허용될 수 없

(E.D.Mich. 1966).

52) FCM Corp. v. Varco Int'l, Inc., 677 F.2d 500, 505 (5th Cir. 1982).

53) Syntex Ophthalmics, Inc. v. Novicky, 745 F.2d 1423(C.A.F.C. 1984).

다"고 판시한 바 있다.[54)]

가. 侵害禁止請求權의 時間的 範圍

침해금지청구권은 영업비밀보유자가 그 침해행위에 의하여 영업상의 이익이 침해된 사실 및 침해행위자를 안 날로부터 3년간 행사하지 아니하면 소멸하고, 그 침해행위가 시작된 날로부터 10년을 경과한 때에도 소멸된다(부정경쟁방지법 제14조). 이러한 소멸시효의 규정은 법적 안정성의 확보라거나 증거보존의 곤란구제의 필요성 이외에 그러한 기간 경과 후에는 비밀성이 상실되어 영업비밀로 보호할 가치가 상실되기 때문이라는 취지도 반영된 것으로 해석된다. 영업비밀을 보유한 종업원이 퇴직하여 경쟁적인 회사를 설립한 시점에 바로 영업비밀보유자가 자신의 영업상 이익이 침해되었는지 여부를 알 수 없는 경우도 있기 때문에, 경쟁적인 회사 설립 이후 상당기간이 경과한 이후에 현실적으로 생산·판매가 시작된 것을 안 때에 비로소 영업비밀보유자가 자신의 영업상 이익이 침해된 사실을 알게 되었다고 보아 그 때로부터 소멸시효가 진행된다고 보아야 할 것이다.[55)]

영업비밀의 침해가 발생했고 침해금지청구권이 시효로 소멸하지 아니한 경우에, 영업비밀의 성질상 그 비밀성이 유지되는 한 영원히 제3자의 침해를 금지할 수 있다고 볼 수도 있겠지만, 전술한 바와 같이 퇴직한 종업원에 의한 영업비밀의 침해의 경우에는 종업원의 직업선택의 자유와의 조화의 필요성이 있기 때문에, 상당한 기간 내로 침해금지가 제한된다고 해석하는 것이 타당하다.[56)] 대법원도 앞에서 소개한 모나미 사건에서, "영업비밀 침해행

54) 위 94가합3033 판결; 위 96다16605 판결.

55) 유사한 취지의 판례로는 대법원 1996.2.13.자 선고 95마594 결정.

위를 금지시키는 것은 침해행위자가 그러한 침해행위에 의하여 공정한 경쟁자보다 "유리한 출발(head start)" 내지 "시간절약(lead time)"을 할 수 있고, 그로 인한 우월한 위치에서 부당하게 이익을 취하지 못하도록 하고, 영업비밀 보유자로 하여금 그러한 침해가 배제된 본래의 위치로 되돌아갈 수 있게 하는 데에 그 목적이 있다 할 것이므로, 영업비밀 침해행위의 금지는 이러한 목적을 달성함에 필요한 시간적 범위 내에서 기술의 급속한 발달상황 및 변론에 나타난 침해행위자의 인적·물적 시설 등을 고려하여 침해행위자나 다른 공정한 경쟁자가 독자적인 개발이나 역공정(reverse engineering)과 같은 합법적인 방법에 의하여 그 영업비밀을 취득하는 데 필요한 시간에 상당한 기간 동안으로 제한하여야 하고, 영구적인 금지는 제재적인 성격을 가지게 될 뿐만 아니라 자유로운 경쟁을 조장하고 종업원들이 그들의 지식과 능력을 발휘할 수 있게 하려는 공공의 이익과 상치되어 허용될 수 없다"고 판시한 바 있다.[57] 따라서, 예컨대 제3자가 문제된 영업비밀을 이용하지 아니하고 독자적으로나 역공정에 의해서 적법하게 개발하는 데 2년이 소요된다면 법원은 영업비밀침해자로 하여금 동일한 기간, 즉 2년 동안 위 영업비밀을 침해하는 일체의 행위를 하지 못하도록 금지하는 명령을 내리게 되는 것이다.[58] 다만 금지명령의 기간을 어떻게 산정하며 어느 정도의 기간이 적절한 것인가에 대해서는 분쟁 당사자들의 이해관계가 첨예하게 대립되어 있을 뿐만 아니라 법이론에 있어서도 상당한 논쟁의 대상이 될 수 있다. 참고로 미국 사례를 보면 Syntex Ophthalmics, Inc. v. Novicky 사건에서 영업

56) Winston Research Corp. v. Minnesota Mining & Mfg. Co., 350 F.2d 134 (9th Cir. 1965).

57) 대법원 2003.7.16.자 2002마4380 결정; 대법원 1998.2.13. 선고 97다24528 판결.

58) K-2 Ski Co. v. Head Ski Co., 506 F.2d 471(9th Cir. 1974).

비밀의 보유자는 자신의 영업비밀을 개발하는 데 1인 기준 20년(man-year)이 소요되었다고 주장하면서 20년에 걸친 금지명령을 주장했고, 연방지방법원은 그러한 원고의 주장을 받아들였으나,[59] 연방항소법원은 금지명령의 기간은 원고기준이 아니라, 피고 즉 영업비밀의 침해자가 독자적으로나 역공정에 의해서 적법하게 개발하는 데 소요되는 기간을 기준으로 산정되어야 한다고 판시했다.[60]

나. 侵害禁止期間의 起算點

영업비밀침해에 대해서 영업비밀보유자가 가지는 침해금지청구권에 시간적 범위가 있다고 인정되는 경우에, 그러한 침해금지기간의 기산점, 즉 침해금지기간 산정의 기준이 되는 시점이 무엇인지 살펴볼 필요가 있다. 특히 퇴직 후의 비밀유지의무에 관한 별도의 계약이 존재하고 그 계약에 비밀유지의무의 기간이 규정되어 있는 경우에 침해금지의 기간은 위 계약상의 기간과 일치할 것이고, 그 기간의 기산점은 위 계약이 효력을 발생하는 퇴직시가 될 것이다. 그러나 전술한 바와 같이 영업비밀보유자가 계약법적 보호를 주장하는 것이 아니라 영업비밀에 관한 경쟁업자 또는 종업원의 위법한 행위의 금지를 주장하는 것인데, 이러한 위법행위에 관한 금지청구권의 시간적 범위에 있어서의 기산점은 반드시 계약법적 보호에 있어서의 기산점과 일치해야 할 필요는 없을 것이다.

영업비밀의 침해가 위법한 행위라고 볼 수 있는 중요한 근거

59) 221 U.S.P.Q. 860(N.D.Ill. 1983).

60) 4년 내지 8년의 기간 범위 내에서 적절한 기간을 산정하도록 파기환송했다: 745 F.2d 1423(C.A.F.C. 1984).

의 하나는, 영업비밀보유자가 영업비밀 덕분에 누리고 있던 "유리한 출발(head start)" 내지 "시간절약(lead time)"을 부당하게 방해한다는 점에 있다. 따라서 침해금지청구권은 "침해행위자가 그러한 침해행위에 의하여 공정한 경쟁자보다 "유리한 출발(head start)" 내지 "시간절약(lead time)"을 할 수 있고 그로 인한 우월한 위치에서 부당하게 이익을 취하지 못하도록 하고 영업비밀 보유자로 하여금 그러한 침해가 배제된 본래의 위치로 되돌아갈 수 있도록" 해주는 것이다.[61] 이러한 의미의 물권법적 보호수단으로서의 침해금지는 일정한 기간동안의 "유리한 출발 내지 시간절약"을 확보해 주는 것이므로, 침해금지의 기간은 침해행위자의 퇴직시 또는 침해행위시가 아니라 침해금지가 시작되는 시점, 즉 침해금지의 가처분 결정이나 침해금지의 종국판결이 집행되는 시점을 기산점으로 해서 산정되어야 할 것이다.[62] 마치 소유권자는 소유권을 침해한 자에 대해서 손해배상을 청구할 뿐만 아니라 소유물의 반환을 청구함으로써 비로소 완전한 구제를 받을 수 있는 것처럼, 영업비밀보유자도 퇴직한 종업원의 침해행위 기간동안의 손해배상을 청구할 수 있을 뿐만 아니라 당해 침해기간을 제외하고 별도로 산정한 일정한 기간동안의 "유리한 출발 내지 시간절약"을 확보해 주는 침해금지가 인정됨으로써 비로소 완전한 구제를 받을 수 있는 것이다.

다. 刑事的 救濟

개정 부정경쟁방지법 제18조는 영업비밀침해죄로 벌할 수 있

---

61) 위 94가합3033 판결; 위 96다16605 판결.

62) 그러나 대법원 2003.7.16.자 2002마4380 결정은 근로자가 회사에서 퇴직한 이후 전직금지를 신청하는 경우에는 근로자가 회사에서 퇴직한 시점을 기준으로 영업비밀 침해기간을 산정해야 한다는 입장이다.

는 자를 기업의 임직원 또는 임직원이었던 자에 한정하지 않고 "누구든지" 부정한 이익을 얻거나 기업에 손해를 가할 목적으로 그 기업에 유용한 영업비밀을 제 3 자에게 누설하는 행위에 대하여 형사책임을 추궁할 수 있도록 하고, 개정 전 제18조 5항을 삭제함으로써 고소가 없어도 처벌할 수 있도록 하며, 미수 및 예비・음모의 경우에도 처벌할 수 있도록(부정경쟁방지법 제18조의2, 제18조의3) 하는 등 영업비밀 보호를 강화하였다. 또, 보호대상을 기술상의 영업비밀에 한정하지 않고 경영상 영업비밀도 포함하도록 하고, 양벌규정을 두어 기업의 영업비밀 침해에 대한 법인의 책임능력도 인정하고 있다(부정경쟁방지법 제19조).

이러한 형사처벌의 강화는 산업스파이와 같은 영업비밀침해자에게 강한 제재가 될 뿐만 아니라, 영업비밀침해를 당하고도 민사구제절차가 지연됨으로써 사실상 영업비밀보호를 받지 못하는 권리자를 보호할 수 있게 되었다. 그러나, 영업비밀의 범위가 명확하지 않고 경쟁사간 보유하고 있는 정보가 유사할 경우 상호 견제를 위해 영업비밀침해규정을 남용할 여지도 배제할 수 없다.

VI 퍼블리시티권의 保護

1. publicity權의 概念

퍼블리시티(publicity)權은 자신의 성명, 초상, 목소리, 서명, 이미지 등을 상업적으로 이용하거나 그 이용을 허락할 수 있는 재산적 권리를 말한다. 성명과 초상은 인격권의 보호대상으로 본인의 허락 없이 촬영하거나 방송하는 것은 인격권의 침해로 인정되어 그에 대한 침해정지 및 손해배상이 인정되어 왔다.[1] 肖像權이나 人格權을 명시적으로 보호하고 있는 성문법 규정은 없지만, 초상권자의 허락 없이 초상을 이용함으로써 초상권자의 명예를 훼손하거나 사생활의 비밀을 침해하게 되고, 그러한 침해행위를 방치하는 것은 헌법이 보장하고 있는 幸福追求權 및 私生活의 秘密과 自由를 침해하는 것으로 위법한 것이기 때문이다. 즉, 행복추구권 및 사생활의 비밀과 자유에 관한 기본권을 규정하고 있는 헌법 제10조 및 제17조에 비추어 초상권의 침해는 위법한 것으로 민법상 不法行爲에 해당될 수 있기 때문에, 초상권자는 그로 인한 정신적 손해의 배상을 청구할 수 있게 된다. 또한 초상권의 침해가 발생한 경우

1) 서울지방법원 1993.7.8. 선고 92가단57989 판결; 서울지방법원 남부지원 1997.8.7. 선고 97가합8022 판결; 서울고등법원 1990.5.4. 선고 89나36528 판결.

그에 대한 손해배상만으로는 만족적이고 효율적인 구제를 받을 수 없으므로 초상권의 속성상 그 침해의 정지 또는 예방을 청구할 수 있는 권리도 인정하게 된다.[2)]

국내에서는 초상이나 성명이 인격권의 보호대상으로 인정되어 왔고, publicity권에 유사한 재산적 권리의 보호대상으로는 인정받지 못했었다. 그 주된 이유는 물권 또는 물권에 유사한 재산권 권리는 성문법에 규정되어 있지 않는 한 그 성립요건, 이전 또는 상속 가능여부, 보호대상, 존속기간, 침해시 구제수단 등에 관해서 불확실하기 때문이라고 한다.[3)] 그러나, 현실적으로 유명한 연예인 등의 초상과 성명은 재산으로 거래의 대상이 되어 왔고 그 무단이용시 법원이 배상액을 산정함에 있어서도 위자료산정과는 달리 모델료 등의 재산적 손해배상액 산정의 방식을 취하고 있으며 그 권리이전이나 상속의 필요성도 커지고 있어서, 최근에 서울고등법원은 종전의 입장을 뒤집고 초상이나 성명 등을 상업적으로 이용할 수 있는 재산적 권리로서의 퍼블리시티권이라는 개념을 인정한 바 있다.[4)]

2. publicity權 保護의 趣旨

publicity권을 보호하는 것은 일반 대중에게 널리 알려진 인물의 성명이나 초상 등을 허락 없이 사용함으로써 수요자들이 그 출처나 후원관계에 대해서 기망당하거나 혼동을 일으키는 것을 방지하기 위한 것이다. 또한 publicity의 무단이용을 금지함으로써 수요

2) 대법원 1996.4.12 선고 93다40614・40621 판결.

3) 서울고등법원 2002.4.16. 선고 2000나42061 판결.

4) 서울고등법원 2005.6.22. 선고 2005나9168 판결.

자를 보호할 뿐만 아니라 著名人(public figures)들로 하여금 더욱 사회적으로 유익한 활동을 하도록 유인하는 경제적 유인(incentives)을 제공하고자 하는 취지도 있다. 혹자는 대량생산, 대량소비 및 대량광고로 특징지어지는 자본주의 사회에서 사생활보호의 개념이 확장적용되는 것이라고 전제하고 사생활보호의 취지와 동일한 취지에 입각하고 있다고 주장하기도 한다. 그러나 publicity권의 보호는 그 보유자의 인격적 이익보다 재산적 이익을 보호하는 것을 주된 내용으로 삼고 있고, 그 보유자는 이미 자신의 초상과 성명 등을 공개해서 상업화한 사람이기 때문에 동일한 유형의 상업화에 의해서 추가적으로 privacy가 손상되었다고 주장하는 것은 무리한 논리이다.[5] publicity권이라는 개념을 확립시킨 영미판례를 보면 publicity권이 사생활(privacy)보호로부터 발전되어 온 것이라는 점은 부인할 수 없지만, publicity권 보유자의 재산적 이익의 보호필요성과 그 상업적 이용이 문제되어 온 현실을 고려해 보면,[6] 사생활 보호와는 별도로 publicity권을 인정하는 취지는 여타의 부정경쟁행위의 금지와 마찬가지로 수요자의 기망이나 혼동을 방지하고 저명인으로 하여금 보다 사회적으로 유익한 활동을 하도록 유인하는 경제적 인센티브를 주기 위한 것이라고 보는 것이 타당하다. publicity권 보호를 不正競爭防止法의 일환으로 볼 때에 비로소 그 권리의 본질에 대한 정확한 이해와 그 양도 및 이용허락 그리고 상속과 구제수단에 이르는 모든 이론구성이 일관되고 설득력을 가지게 된다.

퍼블리시티권을 인정한 외국사례를 보면 그 보호법익이 인격

---

5) O'Brien v. Pabst Sales Co., 124 F.2d 167(5th Cir. 1941); 서울고등법원 2005.6.22. 선고 2005나9168 판결.

6) Melville Nimmer, The Right of Publicity, 19 Law & Contemporary Problems 203(1954).

적 이익이 아니라 재산적 이익이라는 것을 엿볼 수 있다. 예컨대, 일본 사례로 "G1레이스"라는 경마대회에서 우승한 競走馬의 이름에 고객흡인력이 있다는 것을 전제로 해서 그러한 우승마의 이름을 무단으로 이용한 것이 위법하다고 본 사례가 있는데,[7] 우승한 말이라고 해서 인격이 부여될 수도 없는 것이고, 이러한 사례에서 보호하고자 한 것은 바로 당해 우승마 소유권자의 publicity권이라고 하는 재산권인 것이다. 또한 많은 논란의 대상이 되고 있지만 흥미로운 미국 사례로 White v. Samsung Electronics America, Inc.[8] 에서 미국연방항소법원은 피고 삼성의 광고가 "Wheel of Fortune" 이라는 미국의 최고 인기 게임쇼의 진행보조자인 White의 퍼블리시티권을 침해한 것이라고 판시했지만, 피고의 광고가 위 게임쇼를 연상케 했을 뿐이고 그에 등장하는 로봇은 White와 전혀 다르기 때문에, 위 판결이 보호하고자 한 것은 White의 인격적 이익이 아니라 저명한 게임쇼의 고객흡인력이라고 하는 재산적 이익인 것이다.

3. publicity權의 內容

publicity권은 자신의 성명, 초상, 목소리, 서명, 이미지 등을 상업적으로 이용하거나 그 이용을 허락할 수 있는 권리이다. 예컨대 저명인의 실명, 예명, 별명 등은 커다란 관심의 대상이 되고 상당한 고객흡인력을 가지기 때문에, 그러한 publicity권의 보유자는 자신의 성명에 대한 배타적 이용을 할 수 있고, 그 무단이용에 대한 구제를 청구할 수 있는 권리를 가진다. 특정인의 성명이 저명한

7) 나고야 지방법원 판결(平成 12.1.19. 判タ1070号 233).

8) 989 F.2d 1512 (9th Cir. 1993).

경우에 현행 상표법 및 부정경쟁방지법상 주지・저명한 표장으로 보호받을 수도 있다. 그러나 상표법상의 보호는 타인에 의한 등록을 금지할 수 있는 소극적인 형태의 보호에 불과하고(상표법 제7조), 부정경쟁방지법상의 보호는 상품이나 영업의 출처에 관한 혼동이 있거나 그 식별력이나 명성의 손상이 있는 경우에 한정되어 있기 때문에(부정경쟁방지법 제2조), publicity권 보유자가 상품을 판매하거나 영업을 수행하고 있지 아니한 경우에는 현행 부정경쟁방지법상의 요건을 입증하기 어려울 것이다. 이와 같이 상표법이나 부정경쟁방지법상의 보호가 소극적이거나 불가능한 경우에, publicity권의 보유자는 publicity에의 무단편승 자체가 위법한 것이라고 주장하면서 그러한 불법행위에 대한 구제를 요구할 수 있는 것이다.

동일한 성명이 여러 사람의 성명으로 이용되고 있는 경우가 많은데, 이러한 경우에 당해 성명의 보유자는 모두 publicity권을 가지는가? publicity권은 저명인의 성명이 가진 고객흡인력과 같은 재산적 이익을 향유할 수 있는 권리이기 때문에, 저명인의 성명과 동일한 성명을 가지고 있다고 해서 언제나 publicity권을 주장할 수 있는 것은 아니다. 따라서 publicity권을 주장하기 위해서, 원고는 침해자 또는 피고의 이용행위로부터 수요자들이 원고로부터 나온 상품이나 서비스라고 오인하거나 원고와의 후원관계를 연상한다는 점을 입증해야 한다.[9] 초상, 목소리, 서명, 이미지 등도 주지성을 갖춘다면 상표법이나 부정경쟁방지법에 의해서 보호받을 수도 있겠지만,[10] 그렇지 못한 경우에 publicity권 보유자는 피고의 무단

9) "Here's Johnny!"라는 어구를 사용해서 상품을 판매한 경우에 미국에 Johnny라는 이름을 가진 사람은 많지만 수요자들이 저명한 연예인 Johnny Carson을 연상한다고 인정되면 당해 연예인 Johnny Carson은 publicity권의 침해에 따른 구제를 받을 수 있는 것이다: Carson v. Here's Johnny Protable Toilets, Inc., 698 F.2d 831(6th Cir. 1983).

10) 대법원 2000.4.21. 선고 97후860・877・884 판결(피카소의 저명한 서명과

이용으로 인해서 수요자들이 publicity권 보유자를 연상한다는 점을 입증함으로써 피고의 publicity에의 무단편승이 위법한 것이라고 주장하면서 그에 대한 구제를 청구할 수 있을 것이다.

상표법 및 부정경쟁방지법에서와 마찬가지로 publicity권의 효력도 표현의 자유나 언론의 자유에 의해서 일정한 제한을 받을 수 있다. 예컨대, 패러디(parody)나 논평 또는 시사보도를 위해서 저명인의 성명이나 초상을 이용하는 것이 영리를 목적으로 하지 않기 때문에 publicity권의 침해로 되지 않는다거나 소위 공정이용(fair use)으로서 위법성이 없다고 볼 수 있기 때문이다.

4. publicity權의 移轉

publicity권의 본질을 사생활(privacy)의 보호라고 본다면 publicity의 이용허락이나 publicity권의 유상양도 또는 저명인 사후의 publicity권의 상속을 인정할 수 없을 것이다. 그러나 publicity권이 넓은 의미의 부정경쟁방지법상 인정되는 재산권이라고 본다면, 그 利用許諾, 양도, 상속 등을 인정하는 데 논리적 어려움이 없다. 다만 publicity권이 부정경쟁행위를 방지하고 저명인이 사회적으로 유익한 활동을 하도록 유인하는 경제적 인센티브라는 점을 고려한다면, 그 양도나 이용허락이 저명인의 기존의 영업이나 활동과 함께 이루어지거나 상충되지 않는 한도에서만 가능한 것으로 해석된다.[11]

동일한 상표를 무단등록한 사안).

11) 대법원 1996.5.31. 선고 96도197 판결(부정경쟁방지법상 주지상품표지와 함께 영업일체가 이전된 경우 상품표지의 주지성도 승계된다고 본 사례); Hanna Mfg. Co. v. Hillerich & Bradsby, 78 F.2d 763(5th Cir. 1935).

5. publicity權의 侵害에 대한 救濟

publicity권의 침해가 위법한 것이라면, 민법상 불법행위에 대한 구제에서와 마찬가지로, publicity권 보유자는 publicity권의 침해로 인한 손해의 배상을 청구할 수 있다. 다만, 구체적인 손해배상액의 산정방식에 있어서는 publicity권을 인격권으로 보는가 아니면 재산권으로 보는가에 따라서 상당한 차이가 있을 수 있다. 초상이나 성명 등을 인격권의 보호대상으로 보면, 그 침해시 손해도 정신적 손해를 뜻하는 것이고 그러한 손해의 배상은 위자료의 지급에 의해서 이루어진다. 그러나, 초상이나 성명을 publicity권이라고 하는 재산권의 보호대상으로 보고 그에 대한 침해시 손해액을 산정한다면, 그러한 초상이나 성명이 시장에서 어떠한 금전적 가치를 가지고 거래되고 있는지에 관한 실증적 자료를 토대로 해서 산정된 실손해액을 토대로 할 것이다. 예컨대, 초상이나 성명의 주인공이나 유사한 연예인이 이미 유사한 조건의 광고계약 또는 이용허락계약을 체결한 바 있고 그 계약시 받은 금액 또는 이용료가 있다면, 그러한 계약금이나 이용료가 실손해액 산정의 기초로 활용될 수 있다. 이러한 재산적 손해액의 산정방식이 위자료 산정방식과 다르다는 점에 대해서는 이론의 여지가 없지만, 초상이나 성명의 무단이용시 publicity권의 침해로 인한 재산적 손해와 인격권 침해로 인한 위자료를 동시에 청구할 수 있는지의 문제는 단순한 문제가 아니다.

정신적 손해와 재산적 손해는 각각 별개의 손해이므로 그 배상을 동시에 청구할 수 있음이 이론적으로는 타당한 결론이겠지만, 현실적으로는 연예인 등의 초상 주인공이 초상의 상업적 이용에 동의한 바 있었고 초상이용기간을 초과해서 문제된 경우와 같이 재산적 손해 이외에 추가적으로 정신적 손해가 있었음을 입증하기 어려운 경우에는, 초상의 무단이용으로 인해서 언제나 재산적 손해와 정신적 손해가 동시에 발생했다고 말하기는 어렵다. 또한, 연예인 등이 자신의 초상을 상업적으로 이용하는 데 일단 허락한 경우에는 설사 그 이용허락기간을 넘어 초상이 이용된 경우에도 그 초과된 기간동안의 재산적 손해에 관한 배상이 이루어지면 정신적 고통도 역시 회복된다고 볼 수 있을 것이다.[12]

publicity권의 침해는 자동차 사고 등의 통상적인 불법행위와는 달리 가해자가 자신의 이익을 위해서 지속적으로 위법행위를 한다는 특징을 가지고 있기 때문에, publicity권 보유자는 손해배상을 받는 것만으로는 앞으로의 침해를 효율적으로 예방할 수 없다는 점에서 불만족스럽게 생각하고, 다른 한편 가해자로서는 손해배상만 하면 지속적으로 타인의 publicity권을 침해하면서 이익을 누릴 수도 있다는 면죄부를 받은 것으로 오해할 소지도 있다. 따라서, publicity권의 속성상 만족적인 구제를 해주기 위해서는 손해배상뿐만 아니라 그 침해 자체를 금지할 필요가 있다. 위법한 행위의 유형에 따라서는 그 구제수단으로 손해배상청구권 이외에 침해금지청구권도 부여할 필요가 있다는 것은 이미 부정경쟁방지법에서 입법적으로 확인된 바 있다. 부정경쟁방지법이 營業秘密의 침해에 대한 금지청구권을 부여한 것은(부정경쟁방지법 제10조) 영업비밀보유자의 권리를 물권에 유사한 권리로 승격시켜주기 위한 규정이라기보다는, 영업비밀의 속성상 그 침해에 대한 만족적인 구제를 위해서 불법행위의 구제수단으로 손해배상청구권 이외에 침해금지청구권을 인정할 수도 있음을 확인한 규정이라고 볼 수 있다. publicity권의 침해에 대해서 침해금지청구권이 부여되어야 한다고 하는 해석론 및 입법론에 관해서는 다음 장의 본문에서 상세히 살펴보도록 한다.

---

12) 서울고등법원 2005.6.22. 선고 2005나9168 판결.

Ⅶ 不正競爭行爲의 規制

1. 不正競爭行爲를 規制하기 위한 法律

부정경쟁행위를 규제하기 위한 법률로는 독점규제법과 부정경쟁방지법을 들 수 있다. 독점규제법의 "자유로운 경쟁의 보장"과 부정경쟁방지법의 "부정한 경쟁의 방지"는 '궁극적으로 소비자의 후생 및 이익 보호'라는 목적에서 서로 접근될 수 있고, 상호보완될 여지가 있다.[1] 따라서, '경쟁의 자유'를 보장하여 '경쟁의 존재'가 있도록 하는 독점규제법과 '경쟁의 공정'을 담보하여 '경쟁의 질'을 높이고자 하는 부정경쟁방지법은 창조와 혁신을 존중하는 새로운 질서와 상도덕을 형성하고자 하는 요구에 부응하여 고부가가치 생산 및 명성과 신용의 축적을 위한 노력과 투자를 안정적으로 할 수 있게 하고, 궁극적으로 소비자 후생이 증대될 수 있는 새로운 질서와 상도덕으로 공정한 경쟁질서를 확립하도록 한다고 본다.

하지만, 영미에서의 부정경쟁방지법의 연혁을 보면, 경쟁의 자유가 부당하게 남용된 경우로서 연혁적으로는 "자기의 것을 타인의 것인 양 나타냄으로써 타인에게 재산상의 손해를 입히는 것"

1) 방석호, "부정경쟁 개념의 체계적 이해론," 『상사법연구』 9집(1991. 11.), 한국상사법학회, 251면 참조.

을 규제하기 위한 passing off의 개념에서 출발하여 그 범위를 "타인의 것을 자기의 것인 양" 하는 misappropriation(不正利用)의 개념까지 확대하여 부정한 경쟁을 규율하기 위한 것임을 알 수 있다. 다른 한편, 독점규제법은 시장질서의 왜곡을 규제하여 자유로운 경쟁을 지향하기 위해 독점화 또는 독점화의 기도를 규율하기 위한 것이다.[2)] 기본적으로, 독점규제법은 경쟁제한적 상황을 해소하여 자유로운 경쟁을 충분히 보장할 수 있도록 하는 것인 반면, 부정경쟁방지법은 부정한 수단에 의한 지나친 경쟁으로 인해 정당한 이익을 가지는 자가 피해를 입은 것을 구제해주는 방법에 의해 바른 경쟁환경을 조성할 수 있도록 하는 것으로 이해하면 될 것이다. 따라서, 규제수단에 있어서도 독점규제법은 행정조치를 중심으로, 부정경쟁방지법은 사적 구제수단을 중심으로 법제가 정비되어 있는 것이다.

가. 不正競爭과 不公正去來

우리나라 「독점규제 및 공정거래에 관한 법률」(이하 "독점규제법"이라고 한다) 제23조 제1항은 '불공정거래행위'를 "1. 부당하게 거래를 거절하거나 거래의 상대방을 차별하여 취급하는 행위, 2. 부당하게 경쟁자를 배제하는 행위, 3. 부당하게 경쟁자의 고객을 자기와 거래하도록 유인하거나 강제하는 행위, 4. 자기의 거래상의 지위를 부당하게 이용하여 상대방과 거래하는 행위, 5. 거래의 상대방의 사업활동을 부당하게 구속하는 조건으로 거래하거나 다른 사업자의 사업활동을 방해하는 행위, 6. (삭제), 7. 부당하게 특수관계인 또는 다른 회사에 대하여 가지급금・대여금・인력・부동산・유가증권・무체재산권 등을 제공하거나 현저히 유리한 조건으

2) 방석호, "부정경쟁방지법의 의미분석," 444면 참조.

로 거래하여 특수관계인 또는 다른 회사를 지원하는 행위, 8. 제1호 내지 제7호 이외의 행위로서 공정한 거래를 저해할 우려가 있는 행위"로 규정하고 있고, 1999. 2. 5. 개정되기 전 독점규제법 제23조 제1항 제6호는 "사업자, 상품 또는 용역에 관하여 허위 또는 소비자를 기만하거나 오용시킬 우려가 있는 표시, 광고(상호의 사용을 포함한다)를 하는 행위"를 '불공정거래행위 중 하나'로서 규정하였다가, 「표시·광고의 공정화에 관한 법률」(이하 "표시·광고법"이라고 한다)의 제정으로 삭제되었다. 따라서, 허위 또는 부당한 표시·광고도 넓은 의미에서 불공정거래행위에 포함된다고 할 것이다.

광의의 불공정거래행위는 법체계상 독점규제법과 표시광고법에 포함되어 있으나, 실제 거래에서는 개별당사자 간의 분쟁으로 다투어지는 경우가 매우 많다. 특히 독점규제법 제23조 제1항 제2호, 제3호, 제5호 후단, 제8호나 표시·광고법상 부당한 표시·광고행위는 과다한 경쟁상태에서 다른 경쟁사업자에 대하여 직접적으로 이루어지는 경우가 많고, 이는 바른 경쟁의 목적에 반하게 되어 불법행위로서 평가될 수 있다. 특히, 이들 불공정거래행위는 사익적 성격이 강하므로, 불공정거래행위로 말미암아 불이익을 받은 피해자로서는 이러한 행위의 금지를 청구할 실익이 있다. 이러한 이유로 일본은 최근 '제8조 제1항 제5호 또는 제19조에 위반한 행위(불공정거래행위)에 의하여 그 이익을 침해당하거나 침해당할 우려가 있는 자에 대하여 그 행위로 현저한 손해가 발생하거나 발생할 우려가 있는 때'에 금지청구를 할 수 있도록 독점규제법을 개정하였다(일본 「사적 독점의 금지 및 공정취인의 확보에 관한 법률」 제24조 참조). 이에 반하여 우리나라는 불공정거래행위에 대하여 아직도 행정조치로서 규제할 뿐, 불공정거래행위로 인해 손해를 입은 자에게 금지청구권을 인정하지 않고 있다. 따라서, 예컨대,

경쟁사업자의 불공정거래행위로 말미암아 손해를 입은 사업자가 공정거래위원회에 독점규제법 위반을 이유로 경쟁사업자의 행위 중지를 명하는 시정조치를 촉구하는 취지의 신고를 하더라도 공정거래위원회가 그 신고를 접수하여 처리하지 않거나, 신고를 기각하는 경우에는 그 사업자는 당해 거부처분에 관하여 이의를 제기할 수 없으므로, 온전한 구제를 받을 수 없게 된다.

나. 불공정거래행위와 부정경쟁행위의 관계

독점규제법 제23조 제1항 제2호의 "부당하게 경쟁자를 배제하는 행위" 및 제3호의 "부당하게 경쟁자의 고객을 자기와 거래하도록 유인하거나 강제하는 행위"와, 표시·광고법 제3조의 부당한 표시·광고 행위는 광의의 부정경쟁행위에도 포함될 수 있는 불법행위라는 점에서, 불공정거래행위와 부정경쟁행위는 상호 접근할 수 있는 가능성을 내포하게 된다. 일본 독점규제법 개정 논의에 있어서도, 사익설을 취할 때 불공정거래행위는 일반민법상 불법행위의 특별한 유형 또는 부정경쟁방지법의 연장선에 있는 것으로 이론구성할 수 있다는 견해도 제기된 바 있다.[3)]

독점규제법 제23조 제2항은 "불공정거래행위의 유형 또는 기준은 대통령령으로 정한다"고 규정하고, 독점규제법 시행령 제36조 제1항은 법 제23조 제2항의 규정에 의한 불공정거래행위의 유형 또는 기준은 별표 1(불공정거래행위의 유형 및 기준)과 같다고 하였는바, "3. 경쟁사업자 배제(독점규제법 제23조 제1항 제2호)"에 해당하는 행위로서 '가. 부당염매,[4)] 나. 부당고가매입[5)]'을 규정하고,

3) 장승화, "독점금지법상 금지청구," 『민사판례연구』 24권(2002. 12.), 민사판례연구회, 686면의 설명 참조.

4) 자기의 상품 또는 용역을 공급함에 있어서 정당한 이유없이 그 공급에

"4. 부당한 고객유인(독점규제법 제23조 제1항 제3호 전단)"에 해당하는 행위로서 '가. 부당한 이익에 의한 고객유인,[6] 나. 위계에 의한 고객유인,[7] 다. 기타의 부당한 고객유인[8]'을 규정하고, "5. 거래강제(독점규제법 제23조 제1항 제3호 후단)"에 해당하는 행위로서 '가. 끼워팔기,[9] 나. 사원판매,[10] 다. 기타의 거래강제[11]'를 규정하고, "8. 사업활동 방해(독점규제법 제23조 제1항 제5호 후단)"에 해당하는 행위로서 '가. 기술의 부당이용,[12] 나. 인력의 부당유인·채용,[13]

소요되는 비용보다 현저히 낮은 대가로 계속하여 공급하거나 기타 부당하게 상품 또는 용역을 낮은 대가로 공급함으로써 자기 또는 계열회사의 경쟁사업자를 배제시킬 우려가 있는 행위.

5) 부당하게 상품 또는 용역을 통상거래가격에 비하여 높은 대가로 구입하여 자기 또는 계열회사의 경쟁사업자를 배제시킬 우려가 있는 행위.

6) 정상적인 거래관행에 비추어 부당하거나 과대한 이익을 제공 또는 제공할 제의를 하여 경쟁사업자의 고객을 자기와 거래하도록 유인하는 행위.

7) 제9호의 규정에 의한 부당한 표시·광고외의 방법으로 자기가 공급하는 상품 또는 용역의 내용이나 거래조건 기타 거래에 관한 사항에 관하여 실제보다 또는 경쟁사업자의 것보다 현저히 우량 또는 유리한 것으로 고객을 오인시키거나 경쟁사업자의 것이 실제보다 또는 자기의 것보다 현저히 불량 또는 불리한 것으로 고객을 오인시켜 경쟁사업자의 고객을 자기와 거래하도록 유인하는 행위.

8) 경쟁사업자와 그 고객의 거래에 대하여 계약성립의 저지, 계약불이행의 유인 등의 방법으로 거래를 부당하게 방해함으로써 경쟁사업자의 고객을 자기와 거래하도록 유인하는 행위.

9) 거래상대방에 대하여 자기의 상품 또는 용역을 공급하면서 정상적인 거래관행에 비추어 부당하게 다른 상품 또는 용역을 자기 또는 자기가 지정하는 사업자로부터 구입하도록 하는 행위.

10) 부당하게 자기 또는 계열회사의 임직원으로 하여금 자기 또는 계열회사의 상품이나 용역을 구입 또는 판매하도록 강제하는 행위.

11) 정상적인 거래관행에 비추어 부당한 조건 등 불이익을 거래상대방에게 제시하여 자기 또는 자기가 지정하는 사업자와 거래하도록 강제하는 행위.

12) 다른 사업자의 기술을 부당하게 이용하여 다른 사업자의 사업활동을 심히 곤란하게 할 정도로 방해하는 행위.

13) 다른 사업자의 인력을 부당하게 유인·채용하여 다른 사업자의 사업활동

다. 거래처 이전 방해,[14] 라. 기타의 사업활동방해[15]'를 규정함으로써 열거주의를 채택하고 있다. 위와 같은 유형의 불공정거래행위를 우리나라 독점규제법에 의해 규율하는 근거로 설명되는 것 중 하나는, 이러한 행위가 경쟁을 제한하거나 공정한 거래를 저해한다는 데에 있다고 하지만,[16] 여기에 구체적 사실관계에 따라 부정경쟁행위와 중첩될 여지도 배제할 수 있는 것은 아니다.

부정경쟁방지법 제2조 제1호는 부정경쟁행위를, 독점규제법 제23조 제1항은 불공정거래행위를 각각 한정적으로 열거하고 있으므로, 양자간에 실정법상 중첩적으로 중복되거나 상호 모순・충돌될 가능성은 높지 않으나, 광의의 부정경쟁행위는 그 불법행위로 말미암아 경쟁의 공정과 질을 해한다는 점에서 독점규제법 제23조 제1항의 공정거래저해행위 즉 불공정거래행위와 본질적으로 차이가 나지 않는다. 개념상으로도 광의의 부정경쟁행위가 광의의 불공정거래행위와 어떤 본질적 차이가 있는지 의문이며, 명확히 구별할 실익도 없다고 본다. 다만, 실정법에서 각각 유형별로 열거하는 방식을 취함으로써, 양자간에 어떤 본질적 차이가 있는 것처럼 규정하고 있을 뿐이며, 불공정경쟁의 범주에 포함되는 것은 같다고 볼 수 있다.

뿐만 아니라, 만약 독일 UWG 제1조와 같이 우리나라 부정경쟁방지법에도 광의의 부정경쟁행위 규제에 관한 일반조항을 신설할 경우에도 독점규제법 제23조 제1항에 의한 불공정거래행위의 규제를 광의의 부정경쟁행위와 본질적으로 다르다고 구별하여 별

을 심히 곤란하게 할 정도로 방해하는 행위.

14) 다른 사업자의 거래처 이전을 부당하게 방해하여 다른 사업자의 사업활동을 심히 곤란하게 할 정도로 방해하는 행위.

15) 가목 내지 다목외의 부당한 방법으로 다른 사업자의 사업활동을 심히 곤란하게 할 정도로 방해하는 행위.

16) 송영식 외, 『지적소유권법(하)』, 401면 참조.

도로 규율할 필요가 있는지에 관하여 의문을 가지게 한다. 특히 부정경쟁방지법은 독일의 UWG를, 독점규제법상 불공정거래행위 규정은 미국 연방거래위원회법 제5조를 각각 연원으로 하고 있다[17]는 점을 고려할 때, 입법과정에서 이원화로 분리되었던 부정경쟁행위와 불공정거래행위는 다시 입법론상 하나로 통합하여 규제할 수도 있을 것이라고 본다.

다. 不正競爭行爲와 不公正去來行爲의 통합 규제

위에서 본 바와 같이 광의의 부정경쟁행위와 불공정거래행위는 상호 공통의 연결점을 찾을 수 있고, 입법례로서도 우리나라 부정경쟁방지법의 모델이라고 할 수 있는 독일 UWG 제1조에서 일반조항으로 양자를 하나로 묶을 수 있는 법적 근거를 마련하고 있다는 점을 알 수 있다. 다만 불공정거래관행에 관한 우리법 체제가 형식상 독점규제법과 부정경쟁방지법으로 이원화된 것은 연혁적 이유에서 유래된 것일 뿐, 이론상 필연성이나 법해석상 당위성에 의해 결정된 것은 아니다.[18] 한편, 우리나라 독점규제법은 크게 '시장지배적 지위의 남용 규제'와 '불공정거래행위 규제'로 나눌 수 있는데, 불공정거래행위에 관한 규제는 시장지배적 지위의 남용과 달리 경쟁제한성 해소의 측면보다는 공정거래저해성 해소의 측면에 보다 비중이 있다. 따라서, 경쟁의 질을 대상으로 하는 부정경쟁방지법의 취지와도 부합할 수 있다.

이를 종합하면, 불공정거래행위는 부정경쟁행위와 함께 통합

---

17) 정호열, 「독일 부정경쟁방지법 제1조의 일반조항에 관한 소고」, 477면 및 496면; 정호열, "불공정거래행위의 금지," 『공정거래법강의 II』(권오승 편), 법문사, 2000, 382-383면의 각 설명 참조.

18) 정호열, "불공정거래행위의 금지," 382-383면의 설명 참조.

하여 규제하더라도 법해석상 또는 법체계상 문제가 있다고 볼 것은 아니며, 각 행위를 독점규제법에 의해 규율하든지, 부정경쟁방지법에 의해 규율하든지 간에 법정책상 선택할 수 있는 문제라고 본다.

2. 不法行爲로서의 不正競爭行爲[19)]

부정경쟁방지법이나 독점규제법 등에서 금지하고 있는 부정경쟁행위로 인해서 손해를 받은 자는 그 법에 규정된 손해배상청구권 등을 행사할 수 있지만,[20)] 그러한 부정경쟁행위가 不法行爲에 해당되면[21)] 民法에 따른 손해배상 등의 법적 구제를 받을 수도 있다.[22)] 독점규제법이나 전기통신사업법에서와 같이 그 법에 따른 손해배상청구권의 재판상 주장에 공정거래위원회 등의 시정조치

---

19) 정상조, 부정경쟁행위의 규제: 기술과 시장의 변화에 따른 법적 대응, 서울대학교 법학 제45권 제3호 (2004.9.).

20) 不正競爭防止法 제4조 내지 제6조, 獨占規制法 제56조 및 제57조, 表示·廣告法 제10조 및 제11조, 加盟事業去來의 公正化에 관한 법률 제37조, 온라인디지털콘텐츠산업발전법 제18조 및 제19조.

21) 불공정거래행위에 해당되는 계약의 효력에 관해서 획일적으로 무효로 보아서는 아니되고, 그에 대한 윤리적 비난의 정도, 일반거래에 미치는 영향, 거래의 안전 및 계약체결의 자유를 고려해서 유효하다고 보아야 할 경우도 있다고 보는 것이 우리나라의 통설이다. 예컨대, 홍대식, "독점규제법상 不公正去來行爲의 私法的 效力," 司法論集 30집 (1999년), 121면. 이와 같이 불공정거래행위에 해당되는 행위라도 단순한 단속법규의 위반으로 보아서 그 사법적 효력을 그대로 유지한다고 해석한다면, 그 한도에서는 불법행위로 인한 손해배상청구도 제한받게 될 것이다.

22) 민법 제750 내지 제766조는 손해배상 이외에 명예회복처분도 청구할 수 있음을 규정하고 있고 공동불법행위와 사용자의 책임 등에 대해서도 규정하고 있다.

를 전제로 하는 경우에도,[23] 부정경쟁행위가 민법상 불법행위에 해당되는 경우 민법상의 손해배상청구권은 독점규제법 등에서의 손해배상청구권과 별도로 성립해서 경합하는 것이므로, 민법상의 손해배상청구권은 공정거래위원회의 시정조치 유무에 관계없이 자유롭게 행사할 수 있는 것이다.[24] 또한, 「情報通信網利用促進 및 情報保護 등에 관한 법률」에서와 같이 정보통신망의 침입이나 악성프로그램의 유포 등에 대해서 손해배상청구권을 부여하는 규정이 없는 경우에도, 그러한 행위가 위법한 행위로서 타인에게 손해를 가한 경우에는 민법상 불법행위 규정에 따라 손해배상청구의 대상이 된다.[25]

부정경쟁행위의 규제에 있어서 민법상 불법행위에 관한 규정

---

23) 獨占規制法 제57조, 電氣通信事業法 제38조 및 表示·廣告法 제11조 그리고 독점규제법 제57조를 준용하고 있는 加盟事業去來의 公正化에 관한 법률 제37조; 시정조치전치주의는 피해자에 의한 남소를 방지하기 위해서 둔 규정이지만 그러한 규정이 바람직하지 않다는 견해가 많다. 예컨대, 권오승, "獨占規制法上 損害賠償責任 : 是正措置 前置의 意味를 中心으로," 判例月報 328號 (1998), 17면.

24) 대법원 1997.4.22. 선고 96다54195 판결은 시정조치의 대상이 된 불공정거래행위에 국한하지 않고 그 시정조치의 실현을 방해하는 상대방의 행위가 추가적으로 또 하나의 불공정거래행위에 해당되는 경우 그로 인한 손해의 배상도 구할 수 있다고 판시함으로써 민법상의 불법행위로 인한 손해배상청구권이 별도로 성립하고 자유롭게 행사할 수 있음을 부분적으로 확인해주고 있다. 또한, 독점규제법에 기한 청구를 主位的 청구로 하고 일반 민법상의 불법행위에 기한 청구를 豫備的 청구로 하여 제기된 손해배상청구사건에서 시정조치의 선확정 요건을 갖추지 못하여 예비적 청구만 일부 인용한 서울민사지방법원 1989.5.31 선고, 88가합38421 판결〔오창수, 獨占規制違反行爲와 損害賠償請求, 辯護士-法律實務硏究- 제22권 (1992년), 171면에서 재인용〕 참고.

25) 情報通信網利用促進 및 情報保護 등에 관한 법률 제62조는 정보통신망의 침입이나 악성프로그램의 유포를 범죄로 규정하고 있어서 그 위법성이 명백하고, 따라서 그로 인해서 손해를 입은 경쟁사업자 등은 민법상 불법행위로 인한 손해의 배상을 청구할 수 있다고 해석된다.

이 더욱 중요한 의미를 가지는 것은, 기술의 발전으로 인해서 등장한 새로운 유형의 분쟁이 현행 부정경쟁방지법이나 독점규제법에 의해서 적절히 규제되지 못하는 경우에도 그 부정경쟁행위가 위법한 행위로서 불법행위에 해당될 수 있고 민법상의 불법행위 관련 규정에 의해서 규제될 수 있다는 점이다.[26] 우리 民法은 불법행위의 성립에 권리의 침해를 필요로 하지 않고 사회공동생활을 실질적으로 해치는 위법한 행위이면 족한 것으로 규정하고 있기 때문에, 특정의 부정경쟁행위가 부정경쟁방지법이나 독점규제법 등의 요건을 충족하지 못한 경우에도 민법상 불법행위에는 해당될 수 있기 때문이다. 따라서, 기술의 발전으로 인해서 나타나고 있는 새로운 유형의 경쟁행위가 현행법상 명시적으로 인정된 권리의 침해가 아님에도 불구하고 그 침해행위의 금지 및 피해자에 대한 손해배상이 정의의 관념에 합치된다고 볼 수 있는 경우,[27] 즉 우리 민법상의 불법행위로서 손해배상청구의 원인이 될 수 있는 경우도

---

26) 梁彰洙, "不法行爲法의 變遷과 可能性 : 그 制度目的과 關聯하여," 民法硏究, 第3卷 (1995.2), 399면. 미국에서도 마찬가지로 주법원에 의해서 발달되어온 판례상의 불법행위법이 독점규제법의 위반에 해당되지 않지만 위법한 다양한 종류의 부정경쟁행위를 규제해 왔고, 미국법학원(American Law Institute)이 그러한 주판례를 총정리해서 1938년에 완성한 "不法行爲法 再錄(The Restatement of Torts)"도 부정경쟁행위를 불법행위의 한 가지 유형으로 열거하고 있다: A. Michael Ferrill, Business Torts and Unfair Competition (American Bar Association, 1996), pp.13-14 및 Robert C. Denicola and Harvey S. Perlman, A Foreword to the Symposium on the Restatement of Unfair Competition, 47 South Carolina Law Review 1 (1996) 참고

27) 저작권의 침해도 아니고 독점규제법의 위반에도 해당되지 않지만, 스스로 노력하지 않고 타인의 노력과 투자의 결과에 무임편승해서 부당한 이익을 도모하는 것은 부당하고 위법하다고 볼 수 있는 국내사례는 후술하겠지만, 그러한 법리를 처음으로 확인한 것은 미국 연방대법원의 유명한 판결 International News Serv. v. Associated Press, 248 U.S. 215 (1918)이라고 볼 수 있다.

있다. 예컨대, 우리 하급심 판결 가운데 전자지도를 개발한 저작권자의 허락없이 프레이밍의 방식으로 전자지도를 연결해서 제공하는 행위가 현행법상 저작권의 침해라고 보기 어려운데도 불구하고 위법하게 전자지도 개발업자의 영업상 이익을 침해한 것이라고 보아서 그 손해의 배상을 명한 사례가 있다.[28] 마찬가지로, 일정한 온도가 되면 하늘색의 선명한 지하수 표시가 나타나도록 해주는 온도감응잉크를 활용해서 맥주병을 제작하고 그러한 맥주병의 시각적 특징을 맥주의 맛이라고 하는 미각적 특징으로 연결시킨 광고문구에 대해서, 그러한 광고문구를 제안한 사람에게 허락을 받거나 보상을 하지 아니한 것이 영업비밀이나 저작권의 침해라고 보기는 어렵지만 아이디어의 무단도용으로 위법하다고 보아 그 손해의 배상을 명한 하급심 판결도 있다.[29]

그러나, 실정법상 저작권 등의 침해에 해당되지 않고 부정경쟁방지법 등의 실정법 위반에도 해당되지 않지만 민법상 불법행위에 해당된다고 보아서 그에 대한 법적 구제를 부여하는 데에는 명백한 한계가 있다. 기본적으로 대부분의 실정법은 그 입법목적을 달성하기 위해서 필요한 경우에 그리고 필요한 범위 내에서만 저작권의 보호나 부정경쟁행위의 금지를 하는 것이므로, 그러한 실정법의 위반에 해당되지 않는 한도에서는 저작물의 자유로운 이용과 자유로운 경쟁을 허용하는 것이 그러한 실정법의 법목적에 부합되는 것이기 때문이다. 저작권법이나 부정경쟁방지법과 같은 실정법의 위반에는 해당되지 않지만 민법상의 불법행위에 해당되기 때문에 손해배상의 의무가 생긴다고 보는 경우가 광범위하게 인정

28) 서울지방법원 2001.12.7. 선고 2000가합54067 판결.

29) 하이트맥주의 "시원한 맛, 눈으로 확인하세요"라고 하는 광고문구의 아이디어의 도용이 위법하다고 인정한 서울지방법원 1997.2.14. 선고 96가합7170 판결 참고.

된다면 그러한 실정법과 모순된 결과가 양산되고 그 실정법이 추구하고자 하는 이익의 조화 내지 법목적의 달성이 부분적으로 무산되거나 방해를 받게 될 것이다.[30] 따라서, 문제된 경쟁행위가 권리침해 또는 그에 상응하는 "보호할 만한 가치 있는 법익의 침해"[31]가 있거나 또는 상도덕이나 관습에 반하여 행위태양[32] 자체의 불공정성이 명백한 경우 등과 같이 제한된 경우에 한해서[33] 민

---

30) 특히 실정법의 제정과 함께 그 소급적용을 제한하는 경과규정이 있는 경우에 우리 대법원은 1996. 11. 26. 선고 96다31574 판결에서와 같이 민법상 불법행위의 성립을 극히 엄격하게 제한하는 경향을 보여준다.

31) 아이디어 도용의 경우에는 문제된 아이디어가 보호받을 만한 가치가 있을 정도의 구체성과 참신성을 갖추고 있어야 할 것이고 영업이나 광고의 불공정성이 문제된 경우에는 불공정하다고 주장되는 경쟁행위에 의해서 침해되는 경쟁업자의 노력과 자본의 투입 또는 소비자의 신뢰 등이 보호받음으로써 사회 전체적으로 이익이 극대화되는 것인지 등이 검토되어야 한다. 예컨대, 하이트맥주의 광고아이디어 도용에 관한 사건에서도, 그 항소심은 문제된 아이디어의 참신성(독창성)을 인정하기 어렵기 때문에 불법행위가 성립되지 않는다고 판시한 바 있다 (서울고등법원 1998. 7. 7. 선고 97나15229 판결).

32) 행위태양 자체가 사회상규에 반한다고 볼 수 있는 경우로서 아이디어를 공모해서 사실상 채택했으면서도 채택된 아이디어의 응모자에게 채택사실을 알리지 않고 보상도 하지 아니한 경우를 들 수 있다. 그러한 행위태양을 다룬 국내사례로는 "소나타" 명칭공모사건에 관한 서울지방법원 2001. 3. 2. 선고 2000가합49737 판결 참고.

33) 무엇이 상도덕이나 관습에 반하는가에 관한 법원의 판단은 무엇이 보호받을 만한 가치가 있는 법익인가에 관한 법원의 정책적 판단을 전제로 함을 부인할 수 없다. 예컨대, 미국 사례 가운데 Christian Dior v. Milton, 155 N.Y.S.2d 443 (Sup. Ct.), aff'd mem., 156 N.Y.S.2d 996 (App. Div., 1st Dep't 1956)에서 의류패션디자인을 제한된 범위의 청중에게만 공개했는데 그 청중 가운데 경쟁업자가 동일한 패션디자인을 똑같이 모방한 경우에 저작권이나 디자인권의 침해에는 해당되지 않지만 "상도덕(commercial morality)"에 반하기 때문에 부정경쟁행위로서 손해배상청구의 원인이 된다고 판시된 바가 있는데, 이는 상도덕을 근거로 법원이 디자인 개발업자의 법익이 보호받을 만한 가치가 있다고 하는 판단을 합리화하고 있는 것으로 평가된

법의 불법행위 규정에 의한 부정경쟁행위의 규제는 가능하다.[34] 이와 같이, 민법의 불법행위에 관한 규정은 부정경쟁행위의 규제에 관한 특별법의 흠결을 보충해주는 포괄적이고 기본적인 법률이지만, 후술하다시피,[35] 그 구제수단의 불충분성과 위법성의 불명확성[36]이라는 단점을 해결하면서 부정경쟁행위를 더 효율적으로 규제하기 위해서 부정경쟁방지법과 독점규제법 등이 특별히 제정되어 운용되고 있는 것이다.

3. 不正競爭行爲에 관한 파리조약규정의 意味[37]

부정경쟁행위의 규제는 국내법의 해석의 문제임과 동시에 국제법상의 의무이기도 하다. 우리나라는 「産業財産權 보호를 위한 파리조약」[38](이하에서는 "파리조약"이라고 약칭함)을 비준한 국가로

다: Unfair Competition—Appropriation of Another's Labor—Copying of Fashion Designs Actionable on the Ground of Commercial Immorality, 70 Harv. L. Rev. 1117 (1957)에서 재인용.

34) 부정경쟁행위의 규제필요성과 자유로운 경쟁의 중요성을 조화시키는 것이 중요하다는 점은 미국의 부정경쟁행위에 관한 판례법을 집대성한 the Restatement of the Law on Unfair Competition (2002, the American Law Institute)의 제1절 기본원칙에도 잘 반영되어 있다.

35) "5. 현행법상의 구제수단의 한계" 부분 참고.

36) 일본에서는 서체디자인의 모방이 저작권침해에 해당되지는 않더라도 불법행위에 해당된다고 보아서 구제를 해준 바 있다 (平成1年3月8日 大阪地裁 昭58(ワ)4872号 判決). 그러나 우리 대법원은 대법원 1996.8.23. 선고 94누5632 판결에서 서체디자인의 저작물성을 부인한 바 있고, 민법상 불법행위의 위법성 판단기준이 불명확하기 때문에 우리 법원이 일본 오사카지방법원과 마찬가지로 서체디자인의 모방이 불법행위에 해당한다고 해석할 것이라고 단언할 수도 없다.

37) 정상조, 부정경쟁행위의 규제: 기술과 시장의 변화에 따른 법적 대응, 서울대학교 법학 제45권 제3호 (2004.9.).

서 파리조약에 따라서 부정경쟁행위를 규제해야 할 국가적 의무를 가지고 있기 때문이다. 파리조약은 특허발명과 상표에 관한 조약 가입국의 보호의무를 규정하고 있을 뿐만아니라 "산업상 또는 상업상의 공정한 관행에 반하는 부정경쟁행위"[39]를 금지하고 그에 대한 법적 구제를 해주어야 할 의무도 부과하고 있어서, 부정경쟁행위의 금지에 관한 파리조약규정이 우리나라에서 어떠한 효력을 가지는지 문제된다. 대한민국 憲法에 의하여 체결·공포된 條約은 國內法과 동일한 효력을 가지므로,[40] 파리조약도 국내법과 동일한 효력을 가지고 있는 것으로 해석된다. 그렇다면 부정경쟁행위에 관한 파리조약규정은 부정경쟁행위의 규제를 위해서 우리 국회가 제정한 법률들과 어떠한 관계에 있는가?

국내법 사이의 모순과 충돌을 방지하기 위해서 그 조화를 위한 규정을 두는 것과 마찬가지로, 조약과 국내법과의 관계에 대해서도 관련 법률 내에 조약이 우선한다거나[41] 예외적으로 국내법이 우선하는 경우를 규정하고 있다면[42] 그러한 규정에 따라 문제를 해결할 수 있다.[43] 그러나, 부정경쟁방지법과 독점규제법 등의 관련 법률의 어디에도 파리조약과의 관계에 대한 조화규정을 찾아

38) Paris Convention for the Protection of Industrial Property. 우리나라는 1980년 5월에 가입했고, 2007년 9월 현재 파리조약의 가입국은 172개국에 달한다.

39) Article 10bis (2) of the Paris Convention for the Protection of Industrial Property는 "산업상 또는 상업상의 공정한 관행에 반하는 경쟁행위는 부정경쟁행위에 해당된다(Any act of competition contrary to honest practices in industrial or commercial matters constitutes an act of unfair competition)"고 규정하고 있다.

40) 대한민국 헌법 제6조 제1항.

41) 예컨대, 특허법 제26조 및 상표법 제5조.

42) 예컨대, 1978년에 신설된 관세법 제43조의14는 원칙적으로 조약이 우선하는 효력을 가지지만 관세법에 의한 稅率이 條約에 의한 稅率보다 낮을 때에는 관세법상의 세율이 우선 적용된다고 규정하고 있다.

43) 대법원 1987.11.24. 선고 85누44 판결.

볼 수 없다. 그렇다면 국내법 사이의 특별법우선의 원칙과 신법우선의 원칙을 조약과 국내법 사이의 관계에도 적용해서, 파리조약과 부정경쟁방지법 및 독점규제법 등의 사이에 무엇이 일반법이고 무엇이 특별법인지 단언하기 어렵지만 파리조약은 우리나라가 가입한 1980년도에 비로소 국내법으로서의 효력을 가지게 된 데 반해서 부정경쟁방지법과 독점규제법은 최근까지 개정되었으므로,[44] 국내법들이 파리조약에 우선해서 적용된다고 볼 것인가? 만일 부정경쟁방지법과 독점규제법 등의 국내법이 우선하는 효력을 가진다고 보고, 국내법에 규정된 범위를 초과해서 부정경쟁행위의 규제를 규정한 파리조약은 그 한도에서는 국내에서 더 이상 효력을 가지지 못한다고 해석한다면, 결국 우리나라가 파리조약에 가입했으면서도 파리조약상의 가입국 의무를 이행하지 못한 결과로 된다.

생각건대, 특별법우선이라거나 신법우선이라는 원칙은 동일한 사항에 대해서 적용되는 법률들이 서로 모순 또는 충돌되는 권리의무를 부여하고 있는 경우에 적용할 수 있는 원칙인데, 파리조약의 부정경쟁행위의 금지에 대한 규정은 구체성과 완전성을 결하여 직접 권리의무의 부과에 이르지 못하고[45] 오직 조약가입국으로 하여금 더 구체적이고 완전한 내용의 국내법을 갖출 의무를 부과하는 성질의 조약에 해당된다.[46] 따라서, 파리조약과 국내법과의

44) 가장 최근의 개정을 보면, 不正競爭防止法은 2004년 12월 31일에 개정되었고(법률 제7289호), 독점규제법은 2007년 8월 3일에 개정된 바 있다(법률 제8635호).

45) 모든 권리의무가 구체적으로 규정된 소위 자기집행적인 조약(self-executing treaty)인 경우에 한해서, 국내법과 동일한 효력을 가지는 순간 국내법상의 권리의무와 자기집행적인 조약상의 권리의무와의 모순충돌이 문제되고 그 우선순위를 정하기 위한 원칙의 적용이 의미를 가질 것이다.

46) 대법원 법원행정처, 특허소송실무 (1998, 법원행정처), 371면.

모순이나 우선적용은 문제되지 않고 오히려 파리조약상의 가입국 의무에 부합하는 국내법이 존재하는지 또는 더 적절한 국내법을 제정 내지 개정할 필요가 있는지 여부를 검토할 필요가 있다. 이하에서는 전술한 국내법들이 부정경쟁행위의 규제에 충분하고 그 규제방법이 적절한 것인지,[47] 아니면 현행법의 해석상으로는 한계가 있기 때문에 입법적인 보완이 필요한 것인지에 대해서 살펴보도록 한다.

4. 不正競爭行爲를 規制하기 위한 實定法의 限界

전술한 바와 같이, 不正競爭防止法과 獨占規制法 등의 실정법은 민법상 불법행위의 위법성 요건의 불명확성과 그 구제수단의 불충분성을 극복하고 부정경쟁행위를 더 효율적으로 규제하기 위해서 특별히 제정된 실정법이라고 말할 수 있다. 그러나, 그러한 실정법들도 기술의 발전과 더불어 발생하는 새로운 유형의 경쟁행위를 효율적으로 규제할 수 있는지는 의문시된다.

우선, 不正競爭防止法을 보면 그 법률의 명칭은 부정경쟁을 포괄적으로 규제하기 위한 법률인 것 같지만 그 구체적인 규제범위는 출처의 혼동, 원산지나 품질 등에 관한 기망, 영업비밀의 침해 등의 제한된 유형의 부정경쟁행위에 한정되어 있다.[48] 따라서, 기

---

47) 부정경쟁행위로 인한 손해의 배상을 청구하는 소송에서 피해자가 파리조약을 원용하는 경우에, 법원으로서는 현재의 불법행위법에 의해서 부정경쟁행위의 규제에 관한 국가적 의무가 국내법화되고 이행될 수 있는 것으로 해석할 수도 있을 것이다. 유사한 해석론으로 미국연방지방법원의 판결 General Motors Corp. v. Lopez de Arriortua, 948 F. Supp. 684 (E.D. Mich. 1996) 참고.

48) 不正競爭防止法 제2조.

술의 발전으로 인해서 등장한 새로운 유형의 분쟁을 해결하는 것에는 물론 일반적으로 경쟁업자의 노력의 결과에 무임편승함으로써 가격과 품질을 향한 공정한 경쟁을 방해하는 다양한 유형의 부정경쟁행위를 규제하는 데 있어서도, 부정경쟁방지법은 명칭과 달리 그 역할을 제대로 하지 못하고 있는 실정이다. 현실적으로도, 부정경쟁방지법은 著名商標 등에 의한 출처표시의 혼동을 둘러싼 분쟁의 해결에 주로 활용되고 있고, 대부분의 부정경쟁행위는 獨占規制法에 따라 公正去來委員會에 의해서 규제되고 있는 실정이다.[49]

그러나, 독점규제법에 의한 불공정경쟁행위의 규제에도 한계가 있다. 독점규제법 자체가 독점의 규제, 다시 말해서 시장지배적 지위를 가진 기업이 상품이나 서비스의 공급량과 가격을 일방적으로 좌우함으로써 자원의 비효율적 배분을 초래하게 되는 獨占의 폐해를 방지하고자 하는 목적으로부터 출발하고 있기 때문에, 부정경쟁행위의 규제에 있어서 불공정성의 구체적 기준이 競爭秩序의 歪曲에 한정되는 것인지 아니면 널리 競爭方法의 不公正性까지 포함하는 것인지 극히 불분명하고 혼란을 겪고 있는 실정이다.[50] 또한, 독점규제법의 불공정거래행위의 유형과 기준은 대통령령 및 그에 따른 공정거래위원회 고시에 의해서 지정된 것에 한정된다고 해석되고 있어서,[51] 독점규제법도 현실적으로는 기술의 발전으로

49) 공정거래위원회가 설립된 1981년부터 2003년까지 처리한 사건이 모두 10,361건에 달하는데 그 가운데 국내사업자 간의 불공정거래행위에 관한 사건이 5,370건이고 국제계약상의 불공정거래행위에 관한 사건이 2,341건으로 75% 이상의 사건이 불공정거래행위에 관한 것이다(공정거래위원회의 웹사이트 http://ftc.go.kr의 자료실의 "통계" 참조).

50) 백춘기, 불공정거래행위의 요건 및 부당성 유무의 판단기준, 대법원판례해설 31號 (1999.05), 387면.

51) 김영식, 不公正去來行爲 該當性 阻却事由로서의 "正當한 理由"의 判斷基準, 대법원판례해설 제13호 (1991년), 147면; 한양석, 독점규제및공정거래에관한

인해서 새롭게 등장하는 다양한 종류의 부정경쟁행위를 포괄적으로 규제할 수 없는 실정이다. 특히, 기술의 발전으로 인해서 특허법이나 저작권법 등에 의해서 보호될 수 없지만 시장에서 많은 경제적 가치를 가진 아이디어 또는 무체재산이 등장할 수 있는데, 그러한 아이디어 또는 무체재산을 둘러싼 부정경쟁행위[52]라거나 새로운 기술에 입각한 새로운 방식의 경쟁행위[53]에 대해서는 현행 독점규제법도 속수무책일 수 밖에 없다.

電氣通信事業法, 情報通信網利用促進 및 情報保護 등에 관한 법률, 온라인디지털콘텐츠산업발전법 등은 새로운 기술의 발전에 부응하기 위해서 제정 또는 개정된 법률이지만, 그 규제범위가 정보통신망에서의 상호접속에 관한 부당차별이라거나[54] 정보통신망의 침입[55] 또는 온라인콘텐츠의 무단이용[56]과 같이 제한된 유형의 부정경쟁행위에 한정되어 있다. 또한, 表示·廣告法 및 「加盟事業去來의 公正化에 관한 법률」 등은 명칭에서 알 수 있듯이 그 적용범위가 일정한 종류의 영업 내지 광고에 한정되어 있다.

법률 제23조 제1항 제6호 소정의 허위 또는 과장의 광고에 의한 불공정거래행위에 해당하기 위한 요건 및 사업자가 광고 내용에 포함하여야 할 정보, 대법원판례해설 41號 (2002.12), 94면.

52) 정호열, 우리 나라 不公正去來行爲法의 體系와 不公正性의 意味 / 企業構造의 再編과 商事法 : 朴吉俊教授華甲記念論文集 (II), (1998.10), 1156면.

53) 예컨대, 소프트웨어 로봇이나 팝업광고 등을 활용한 영업도 현행 독점규제법 및 그 시행령과 고시에 열거되어 있는 유형과 기준에 해당된다고 보기 어렵기 때문이다.

54) 電氣通信事業法 제36조의3.

55) 情報通信網利用促進 및 情報保護 등에 관한 법률 제48조.

56) 온라인디지털콘텐츠산업발전법 제18조.

5. 現行法상 救濟手段의 한계

부정경쟁방지법과 독점규제법 등은 기술의 발전으로 인해서 발생하는 새로운 유형의 부정경쟁행위에 적용되지 못하는 한계가 있는 반면, 불법행위에 관한 일반법에 해당되는 民法은 불법행위에 대한 구제수단으로 損害賠償請求權 이외에 불법행위 자체를 留止 또는 禁止시킬 수 있는 권리에 대해서는 아무런 언급이 없다. 따라서, 부정경쟁행위가 민법상 불법행위에 해당된다고 판단되더라도 그에 대한 구제수단으로 손해배상청구권 이외에 부정경쟁행위의 금지 또는 원상회복을 청구할 수 있는지 여부가 문제된다. 만일 부정경쟁행위 또는 불법행위가 소유권이나 지적재산권의 침해로 인한 것이라면 物權 또는 物權 유사의 排他的 權利에 기해서 그 방해제거 또는 침해금지를 청구할 수 있고,[57] 그러한 한도 내에서 불법행위의 유지 또는 금지를 청구할 수 있게 될 뿐이다.

불법행위로서의 부정경쟁행위에 대한 금지/유지청구가 허용되는지 여부에 대해서 살펴본다. 민법이나 저작권법과 같이 명문의 규정으로 방해제거 또는 침해금지를 청구할 수 있는 권리가 부여된 바 없지만, 법원이 침해된 권리의 만족적 구제를 위해서 일관되게 침해금지청구권을 인정해주고 있는 경우로는 人格權의 침해의 경우를 들 수 있다.[58] 소유권의 침해나 인격권의 침해가 명백

---

57) 민법 제214조; 저작권법 제91조는 '정지'청구권을 그리고 온라인디지털콘텐츠산업발전법 제19조는 '중지'청구권을 부여하고 있는데, 특허법 제126조, 상표법 제65조, 不正競爭防止法 제4조는 '금지'청구권을 부여하고 있어서 그 용어가 통일되어 있지 못한 형편이다.

58) 人格權은 그 성질상 일단 침해된 후의 구제수단(금전배상이나 명예회복 처분 등)만으로는 그 피해의 완전한 회복이 어렵고 손해전보의 실효성을 기대하기 어려우므로, 인격권 침해에 대하여는 사전(예방적) 구제수단으로

하지 않는 한 營業의 妨害[59] 또는 環境의 侵害[60]를 留止 또는 금지해달라는 청구는 기각되고 있다. 다만, 명시적 또는 묵시적 계약관계를 가진 당사자 사이에서는 物權的 請求權이 없는 경우에도 그 契約上 地位 자체의 보전을 위한 가처분신청을 통해서 일정한 행위의 중지 또는 不作爲를 명한 사례가 다수 발견되고,[61] 구민법하의 판결이지만 제3자의 채권침해 또는 채무이행방해가 위법한 경우에는 그 방해배제청구가 인정될 수 있다고 판시한 대법원판결도 있으며,[62] 營業權의 계속적 침해의 우려가 있다고 인정된 광고를 금지하거나[63] 環境利益의 침해라고 하는 不法行爲의 배제청구권을 인

침해행위 정지·방지 등의 금지청구권도 인정된다: 대법원 1996.4.12. 선고 93다40614, 40621 판결.

59) 서울지방법원 2002.10.15. 2002카합2377 결정 및 서울지방법원 2002.10. 4. 2002카합1031 결정.

60) 대법원 1995.5.23. 자 94마2218 결정. 그러나 우리와 아주 유사한 법체계를 가진 일본의 하급심 가운데 大阪高等裁判所 1975(昭和 50).11.27. 판결은 인격권의 침해를 근거로 공해금지청구를 받아들인 바 있다: 尹眞秀, 環境權侵害를 理由로 하는 留止請求의 許容與否, 大法院判例解說 23 (1995년), 9면에서 재인용.

61) 예컨대, 묵시적 계약에 따른 성명표시의무를 위반했음을 근거로 계약목적물인 음반의 배포를 금지한 가처분결정을 한 사례도 있고(서울민사지방법원 1995.1.18.자 94카합9052 결정), 독점판매계약이나 전속출연계약 등의 명시적 계약에 따른 계약상의 권리를 피보전권리로 한 침해금지가처분결정의 사례는 더 많다(예컨대, 서울고법 1995.1.12., 94라186 결정).

62) 채권도 법률에 의해서 보호되는 권리이므로 제3자도 존중해야 하고 정당한 이유없이 타인의 채권을 침해하는 행위는 위법하기 때문에 채권자는 그 제3자에 대해 방해행위의 배제를 청구할 수 있다고 하는 일반원칙을 확인했지만, 구체적인 사실관계에 비추어 채무자의 자유를 구속하는 등의 특별한 사정이 없는 한 제3자가 채무자에게 단순히 지급보류를 요청하는 것만으로 채권을 침해한 것으로 볼 수 없다고 판시한 바 있다: 대법원 1953.2.21. 선고 52다129 판결.

63) 대구지방법원은 광고금지가처분신청사건에서 表示·廣告法이 불공정한 광고를 금지하고 있으므로 당연히 그 폐해기업은 금지청구권을 가지고 그

정한 하급심 사례도[64] 가끔 보인다. 대법원은 이와 같이 극히 예외적인 경우를 제외하고는, 소유권이나 인격권의 침해라거나 저작권법 등의 실정법에 명시된 배타적 권리의 침해가 있는 경우에 한해서 그 방해제거나 침해금지 등의 구제를 해주고 있기 때문에, 부정경쟁행위가 민법상 불법행위에 해당되는 경우에도 현행 부정경쟁방지법에 열거된 행위에 해당되지 않는 한 그 부정경쟁행위의 금지를 청구할 수 있는 길은 없는 것으로 보인다. 마찬가지로, 대법원은 금전에 의한 손해배상 이외에 가해자에 의한 원상회복도 불필요하고 현행 민법상 허용할 수 없다는 엄격한 입장을 견지하고 있다.[65]

러한 금지청구권을 피보전권리로 한 금지가처분신청은 적법하다고 판시하고 (대구지방법원 2002.6.21., 2002카합325결정), 서울지방법원도 광고금지가처분신청사건에서 表示·廣告法에서 금지하고 있는 불공정한 광고로 인해서 人格權 또는 營業權이 침해되었고 그러한 침해가 계속될 우려가 있다는 점을 근거로 들면서 광고금지가처분신청을 인용한 바 있다(서울지방법원 2002.5.24. 선고 2002카합1228판결). 특히 흥미로운 점은 이러한 하급심 결정과 판결은 그 후 각각 대법원 2003.3.31.자 2002마4109 결정과 대법원 2003.2.26. 선고 2002다67062 판결에 의해서 모두 인용확정되었다는 점이다. 다만, 여기에서 대법원은 신청인에게 금지청구권이 있는지 여부에 대해서는 전혀 판단을 하지 않았기 때문에, 법률에서 명시적으로 금지청구권을 부여하지 아니한 경우에도 피해자는 만족적 구제를 위해서 법원에 가해행위의 금지를 청구할 수 있는 것인지에 대한 대법원의 입장은 아직 알 수 없다.

64) 부산고등법원 1995.5.18. 선고 95카합5 판결, 하급심판결집(95-1), 50. 그러나 동 판결에 대한 상고심에서 대법원은 민법 217조에 근거한 방해금지청구에 의해서 해결될 수 있음을 전제로 환경권에 기한 방해금지청구권을 인정한 원심판결 부분은 파기하였다 (대법원 1995.9.15. 선고 95다23378 판결).

65) 대법원 1961.10.12. 선고 4293민상115 판결 및 대법원 1997.3.28. 선고 96다10638 판결. 다만, 학설 가운데 채권자의 입장에서 금전배상이 명백히 불충분하고, 채무자의 입장에서 원상회복에 의하더라도 특별히 가혹하지 않으며 나아가서 그 집행에 있어서 금전집행의 경우보다 편리한 경우에

금지청구권에 관한 국내 학설을 보면, 독점규제법에 의한 독점규제의 활성화를 위해서 피해자에게 금지청구권을 부여해야 한다는 立法論은 있지만,[66] 解釋論으로서는 소유권에 기한 방해제거청구권 등의 민법 규정에 의하거나 인격권에 기한 침해금지청구권에 관한 판례이론으로 충분하기 때문에 불법행위에 대한 일반적인 구제수단으로 금지청구권을 해석상 도출할 필요는 없고 허용해서도 안 된다고 보는 것이 다수의 견해이다.[67] 그러나, 환경침해와 같은 불법행위 가운데 보호법익의 침해가 명백하고 그 환경침해가 계속될 위험이 있어서 그 침해의 留止가 가장 효율적이고 만족적인 구제수단인 경우에는 해석상으로도 피해자에게 유지청구권을 인정할 수 있다고 보는 소수의 견해도 있다.[68]

人格權 侵害의 경우에 대법원이 금지청구권을 인정하는 근거는 인격권의 성질상 일단 침해된 후의 사후적 구제수단으로 인정되는 금전적 배상이나 명예회복 처분 등만으로는 그 피해의 완전한 회복이 어렵고[69] 자동차 사고와 같은 일회적인 불법행위와 달리 인격권 침해와 같이 계속·반복의 위험이 있는 불법행위의 경우에는 침해 자체의 금지와 같은 사전적 구제수단을 통해서 비로소 그 보호법익의 완전하고 효율적인 보호가 가능해지기 때문이다.[70] 요컨대, 인격권의 침해에 대해서 금지청구권을 허용해주는

한해서 원상회복청구권이 인정되어야 한다는 유력한 견해도 있다: 윤진수, 부동산 이중양도에 관한 연구, (서울대학교 박사학위논문, 1993), 223-224면.

66) 장승화, "독점금지법상 금지청구와 손해배상청구," 人權과 正義 299號 (2001.7), 51면.

67) 예컨대, 김재형, "소유권과 환경보호 : 민법 제217조의 의미와 기능에 대한 검토를 중심으로," 人權과 正義 276號 (1999.8), 22-43면.

68) 조홍식, "留止請求 許容 與否에 관한 小考," 民事判例硏究 22卷 (2000.2) 62면.

69) 대법원 1996.4.12. 선고 93다40614, 40621 판결.

근본적인 이유는 인격권의 絶對權으로서의 성격 때문에 기계적으로 허용해주는 것이 아니라 인격적 이익이라고 하는 보호법익의 성질로 인해서 금지청구권의 부여가 효율적이고 만족적인 구제수단이기 때문에 허용해주는 것으로 볼 수 있다. 법률에 의해서 절대권이 부여된 바가 없지만 보호법익의 침해에 대한 효율적인 구제를 위해서 금지청구권을 부여한 실정법의 규정을 보더라도,[71] 금지청구권이 반드시 절대권의 침해에 대해서만 허용되는 것이 아니라 그 보호법익의 성질상 필요하다면 인정할 수 있는 성질의 구제수단이라는 것을 잘 알 수 있다. 따라서, 인격권 침해에 대해서 금지청구권을 인정하는 판례와 학설의 논거는 환경권이나 영업권의 침해에 대해서도 준용될 수 있다고 생각된다. 환경규제나 부정경쟁행위의 규제에 의해서 보호하고자 하는 법익의 성질에 비추어, 인격적 이익의 침해에 대한 구제에서와 마찬가지로, 환경침해나 부정경쟁행위에 대한 사후적 구제만으로는 그 피해의 완전한

70) 이건웅, "言論에 의한 法益侵害에 대한 救濟手段," 裁判資料 77輯 (1997.6): 憲法問題와 裁判(下), 270면은 인격권의 절대권으로서의 성질로 인해서 사전적 구제수단으로서의 금지청구가 허용된다고 설명하고 있는데, 절대권으로서의 성질이라고 함은 궁극적으로 그 보호법익의 성질을 의미하기 때문이다. 따라서, 인격권 침해의 위법성 여부에 관한 판단도 궁극적으로 상충되는 법익 즉 개인의 인격적 이익과 사회적으로 요구되는 표현의 자유라고 하는 법익의 비교형량에 의해서 판단된다: 이상경, "言論報道에 의한 名譽毁損訴訟의 慰藉料 算定에 관한 硏究," 言論仲裁 12卷 1號 (통권42호 1992. 3.), 45면.

71) 不正競爭防止法 제4조 및 제10조는 절대권의 침해는 없지만 영업상 이익의 침해가 있는 경우에 그 금지를 청구할 수 있는 권리를 부여하고 있다. 헌법재판소 2001.9.27. 99헌바77 결정도 부정경쟁방지법이 권리부여형 입법이 아니라 행위규제형 입법이라는 표현을 사용함으로써, 그 구제수단도 절대적 권리의 성질에 입각해서 부여한 것이 아니라 침해행위로부터 보호할 가치가 있는 일정한 법익의 보호를 위해서 부여한 것이라는 필자의 해석론을 뒷받침해준다.

회복이 어렵고 그 침해의 계속성으로 인해서 침해 자체의 금지와 같은 사전적 구제수단을 통해서 비로소 그 법익의 완전하고 효율적인 보호가 가능해지기 때문이다. 요컨대, 보호법익의 성질을 기준으로 해서 보면, 소유권침해와 인격권침해 그리고 부정경쟁행위라고 하는 불법행위에 대해서 똑같이 금지청구권이 인정될 필요가 있고, 부정경쟁행위로 인해서 금전배상으로 충분히 구제될 수 없는 영업상 이익의 침해가 명백하고 그러한 침해행위가 계속적으로 이루어진다면, 법익보호의 효율적 사법임무를 맡은 법원으로서는 그러한 부정경쟁행위의 금지청구를 받아들여야 그 임무를 다하는 것이라고 볼 수 있다.[72)]

부정경쟁행위라고 하는 불법행위에 대해서 언제나 금지청구를 허용하게 되면, 부정경쟁행위의 규제를 통해서 보호받고자 하는 법익 즉 개인의 영업상 이익은 충분히 보호받을 수 있지만, 그와 상충되는 이익 즉 경쟁업자의 '競爭의 自由' 또는 사회적으로 '革新을 위한 投資'가 크게 위축될 위험성이 있다. 그러나, 금지청구를 허용함으로써 상충되는 법익이 침해 또는 위축될 수 있는 위험성은 부정경쟁행위의 규제에서뿐만 아니라 인격권 침해의 금지에서도 항상 도사리고 있는 문제이다. 따라서, 인격권의 침해여부 또는 그 위법성에 관한 판단을 함에 있어서는, 개인의 인격적 이익의 보호와 상충될 수 있는 법익으로서 '表現의 自由'의 보호필요성과의 신중한 비교형량이 이루어지게 된다.[73)] 개별 사건의 구체적 사실관계를 종합적으로 검토한 후 일단 인격적 이익의 보호가 표현의 자유에 우선해서 보호할 만한 가치가 있다고 판단된 경우에는 법원이 그 법익의 실효성 있는 보호를 위해서 침해행위의 금

72) 이상경, 지적재산권소송법, (육법사, 1998), 541면 참조..

73) 대법원 2003.1.24. 선고 2000다37647 판결; 대법원 1988.10.11. 선고 85다카29 판결.

지청구도 받아들인다. 부정경쟁행위라고 하는 불법행위의 성립여부에 관한 판단에 있어서 그 위법성의 판단기준이 아직 불명확해서 그 판단에 어려움이 있는 것은 부인할 수 없지만, 일단 위법하다고 판단된 부정경쟁행위로부터 보호해줄 가치가 있다고 판단된 영업상 이익이 분명해지면, 법원으로서는 그러한 법익의 실효성 있는 보호를 위해서 그 부정경쟁행위 자체의 금지를 명할 수 있어야 한다고 생각된다.[74] 최소한 독점규제법 등의 실정법에 부정경쟁행위로 규정된 행위에 대해서는 그 위법성이 명백하고 금지청구권이 인정되어야 한다는 입법론이 제기되고 있는 만큼,[75] 그 규제에 의해서 보호하고자 하는 법익의 성질상 인격권과 마찬가지로 금지청구권에 의한 구제를 필요로 하는 것으로 볼 수 있지 않을까?[76] 이와 같이 실정법상 부정경쟁행위의 위법성이 명백하고 그 보호법익으로서의 영업상 이익이 인격권과 마찬가지로 금지청구권에 의한 구제를 해주어야 할 성질의 법익에 해당된다면, 불법행위로 인한 손해배상청구권이 독점규제법상의 손해배상청구권과는 별도로 성립한다고 해석되는 것처럼,[77] 부정경쟁행위에 대한 금지청구권도 공정거래위원회의 시정조치 등과는 별도로 성립하고 병존하는 것으로 해석될 수 있다.

---

74) 조홍식, "留止請求 許容 與否에 관한 小考," 民事判例硏究 22卷 (2000.2), 62면도 환경침해라고 하는 불법행위의 유지청구가능성에 대해서 동일한 해석론을 펴고 있다.

75) 장승화, 전게논문, 55면 이하 참고.

76) 권리의 성질상 실정법의 근거가 없더라도 인격권의 침해에 대한 금지청구권을 인정할 수 있다고 본 판례의 이론을 응용하면, 부정경쟁행위의 금지청구권은 不作爲에 한정되지 않고 독점규제법상 허용되는 시정조치로서의 作爲를 청구하는 것이 헌법상 영업의 자유 또는 경쟁의 자유의 본질적 내용을 해하지 않는 한 허용된다고 해석할 수도 있지 않을까?

77) 권오승, "獨占規制法上 損害賠償責任 : 是正措置 前置의 意味를 中心으로," 判例月報 328號 (1998), 17면.

금지청구권이 물권이나 그에 유사한 배타적 권리의 침해에 대해서 부여되는 實體法상의 권리라고 본다면 배타적 권리의 침해가 없는 불법행위의 경우에 금지청구권을 부여하는 것이 논리적으로 모순된 것처럼 생각되겠지만, 기본적으로 그에 관한 오랜 경험을 가진 英美에서 금지청구권(injunctions)이 형평과 정의의 필요에 의해서 형성되어 온 節次法상의 권리라고 하는 역사적 기원을 참고할 필요가 있다.[78] 또한, 인격권의 침해에 대해서 법원이 금지청구를 허용하는 것은 실체법상의 권리로서가 아니라 소송상의 구제수단에 불과한 것이라고 해석한다면,[79] 보호받을 가치가 있다고 인정된 법익의 침해에 대한 효율적인 구제수단으로서 금지청구권이 그 보호법익의 성질상 필요하다면 불법행위의 경우에도 소송상의 구제수단으로 인정하지 못할 이유는 없는 것이다. 적절한 구제 없는 권리란 아무런 의미가 없는 것이고, 적절한 구제를 통해서 분쟁을 합리적으로 해결하는 것이 법원의 임무이기 때문이다.

요컨대, 특정 부정경쟁행위가 위법한 것으로 규제될 필요가 있다고 판단된 경우에는, 실정법상의 금지청구권에 관한 근거규정이 없어도, 부정경쟁행위의 규제를 통해서 보호하고자 하는 법익의 실효성 있는 보호를 위해서 그 부정경쟁행위의 금지청구를 허용할 수 있다는 것이 필자의 사견이다. 이와 같이 불법행위에 대

---

78) John Herbert Slater, The Law Relating to Copyright and Trade Mark, Treated more Particularly with Reference to Infringement (London, Stevens and Sons, 1884), pp. 190-191; 특히 Francis Hilliard, Law of Injunctions (Philadelphia, Kay & Brothers, 1874), pp.19-21은 損害賠償請求權은 실체법이 부여해준 권리인데 반해서, 법원에 의한 留止/禁止命令(injunctions)은 正義와 良心의 요구에 의해서 법원이 재량을 가지고 부여하는 구제수단이라는 점을 잘 설명해주고 있다.

79) 양창수, 전게논문은 377면 각주 5에서 독일에서 불법행위의 예방을 위한 부작위소송이 소송상의 구제수단에 해당된다고 보는 소수견해가 있다고 소개하고 있다.

해서도 예외적으로 금지청구를 허용할 수 있다고 해석한다면, 민법의 불법행위 규정을 원용함으로써, 부정경쟁행위의 규제에 있어서 부정경쟁방지법과 독점규제법 등의 현행법이 가진 커다란 한계(즉 규제범위의 한계)를 극복하면서도 효율적인 구제수단을 제공해 줄 수 있는 훌륭한 대안이 될 수 있을 것이다. 그러나, 필자의 해석론은 금지청구권에 관한 대법원의 경직된 해석론과 상충되는 것이고, 대법원이 입장을 바꾸는 데에는 상당한 세월이 소요된다. 따라서, 기술의 급속한 발전으로 인해서 다양한 유형의 새로운 영업방법과 경쟁태양이 나타나고 있는 현실을 고려해보면, 대법원의 입장이 바뀔 것을 기다리면서 해석론에만 만족하고 있을 수는 없다.

Ⅷ 不正競爭防止法의 改正方向

1. 公正한 競爭秩序에 관한 社會的 合意

부정경쟁행위의 규제를 위한 입법은 공정한 競爭秩序에 관한 사회적 합의를 전제로 한다. 기본 골격에 관한 사회적 합의는 대한민국 憲法의 경제조항에 반영되어 있다고 말할 수 있고, 그 지엽적인 내용은 개별 법률에서 구체화된다.

대한민국 헌법에 의하면 우리 경제질서는 개인과 기업의 경제상의 自由와 創意를 존중함을 기본으로 한다.[1)] 우리 헌법이 보장하고 있는 "經濟上의 自由"라고 함은 한편으로는 국가의 규제와 간섭으로부터 자유로운 상태에서 개인과 기업이 창의를 바탕으로 경제활동을 할 수 있다는 것이고, 다른 한편으로는 타인의 재산권이나 기타의 권리를 침해하지 않는 한 "자유로운 競爭" 또는 "競爭의 自由(freedom to compete)"를 누릴 수 있다는 것을 의미한다. 이와 같이 국가의 규제와 간섭으로부터 자유로운 상태에서 개인과 기업이 창의를 바탕으로 자유로운 경쟁을 할 수 있는 경제질서를 "自由市場經濟(free market economy)"라고 하고, 자유시장경제의 헌법규범은 경제상의 자유 또는 경쟁의 자유가 사회적으로나 경제적으로 바람직한 결과를 가져다줄 수 있다고 하는 가치판단을 토대로 한 것이

1) 大韓民國 憲法 제119조 제1항.

다.[2] 특히, 정부규제나 특정 기업의 독점하에서보다는 더 자유로운 경쟁이 보장될 때 더욱 품질의 향상과 효율성의 증가를 기대할 수 있고 가격은 더 낮게 유지될 수 있다고 하는 점에 대해서 사회적 합의가 이루어져 있다는 것을 의미한다.

경쟁의 자유가 보장된 자유시장경제에서는, 특정 기업이 경쟁상의 패배로 인해서 영업상 손실을 입었다고 해서 당연히 경쟁업자에게 그 손해를 배상해달라고 청구할 수는 없다. 그러나 경쟁의 자유는 모든 행위가 언제나 자유롭다는 것이 아니고, 진정으로 자유로운 경쟁을 해하는 행위를 효율적으로 규제해야만 확보될 수 있는 자유이다. 따라서 대한민국을 비롯한 대부분의 국가들은 완전한 자유방임(complete laissez faire)이 아니라 규제된 자유 또는 진정으로 자유로운 경쟁을 확보하는 데 필요한 규제가 수반된 경쟁(regulated competition)을 가장 바람직한 목표로 삼고 있다.[3] 이러한 의미의 自由롭고 公正한 競爭을 확보하기 위해서, 한편으로는 獨占規制法에 의해서 경쟁질서의 왜곡을 금지하고 독과점의 폐해를 방지할 필요가 있다. 그러나, 다른 한편으로는, 관련 시장 전체를 보면 독과점의 폐해나 경쟁질서의 왜곡이 없더라도 특정 사업자가 商道德이나 慣習에 반하는 방법으로 영업을 수행함으로써 그와 경쟁관계에 있는 사업자가 부당하게 손해를 입었다고 판단되는 경우에, 그러한 不公正 競爭行爲를 방지함으로써 비로소 자유롭고 공정한 경쟁이 충실하고 효율적으로 확보될 수 있다.

현행 부정경쟁방지법과 독점규제법 등은 경쟁의 자유와 경쟁

---

2) 혹자는 우리 헌법상의 경제질서를 사회적 시장경제로 보는 견해도 있지만, 우리 헌법이 국가의 개입이나 간섭을 예외적으로 허용하더라도 기본적으로는 자유시장경제에 입각하고 있다고 보는 것이 타당하다: 이석연, 헌법합치적 경제, 사회정책의 방향, 저스티스 제79호 (2004. 6), 32면.

3) J. Thomas McCarthy, McCarthy on Trademarks and Unfair Competition(Clark, Boardman, Callaghan, Third Edition), §1.02.

의 공정성을 조화시킴으로써 개인과 기업이 자유와 창의를 발휘해서 가장 효율적인 경제활동을 할 수 있도록 하기 위해서 제정된 법률이다. 기술의 발전에 따라서 발생하는 새로운 유형의 부정경쟁행위를 규제하기 위한 입법을 함에 있어서도, 부정경쟁방지법과 독점규제법 등에서 확인된 공정한 경쟁질서의 연장선 위에서 이루어져야 할 것이다. 다만, 기존의 법률에서 확인된 공정 경쟁질서를 어떻게 연장하는가에 따라서 그 구체적인 내용에 상당한 차이가 생길 수 있기 때문에, 입법을 함에 있어서는 그 보호법익이 무엇이고 규제대상이 되는 행위태양은 무엇인지에 관한 신중한 검토가 있어야 한다.

기술의 발전에 따라서 발생하는 대부분의 분쟁에 있어서 보호되어야 한다고 주장되는 법익이 있다면, 그것은 개인이나 기업이 상당한 시간과 노력 및 자본을 투입해서 개발하게 된 無體財産, 그러한 개인이나 기업의 名聲과 信用 그리고 그에 대한 소비자의 信賴 등이 보호법익으로서 적극적으로 검토해볼 수 있다. 현행 저작권법 등에 의해서 보호되지 못하는 무체재산의 경우에도[4] 경쟁업자가 영업상 이익을 위해서 무임편승하는 것을 방임해서 기업이

---

4) 예컨대, 동물의 울음소리를 녹음한 녹음물을 허락없이 복제해서 저렴한 가격으로 판매하는 행위나(United States Sporting Products, Inc. v. Johnny Stewart Game Calls, Inc., 865 S.W.2d 214), 권투선수의 경기모습을 촬영해서 계약체결일로부터 10여 년이 경과한 후 상업방송이 본격화되자 아무런 보상없이 방송하는 행위〔Ettore v. Philco Television Broadcasting Co., 229 F.2d 481 (3d Cir.), cert. denied, 351 U.S. 926 (1956)〕 등이 미국에서 부정경쟁행위로 판시된 바 있다. 우리나라에서는 동일한 사례가 저작권법상 저작인접권의 보호대상으로 될 수 있기 때문에 동일한 결론에 도달할 수는 없지만, 예컨대 대법원의 엄격한 해석론에 의해서 저작물로 보호될 수 없는 상품디자인을 그대로 모방하는 행위가 위법하다고 판단될 수 있고, 그러한 판단에 입각해서 우리 부정경쟁방지법은 2004.1.20. 개정에서 제2조 제1호 자목에 상품형태의 모방행위를 부정경쟁행위로 추가하게 된 것이다.

創意와 革新의 노력을 게을리하게 된다면,[5] 그것은 경쟁의 자유를 빙자해서 창의와 혁신을 위한 경쟁질서를 파괴하는 것에 다름 아니기 때문이다.[6] 또한, 자신의 경쟁상 지위를 유리하게 만들기 위해서 다른 경쟁업자를 비방하거나 소비자를 기망해서 개인이나 기업의 명성이나 신용을 손상한다면, 品質과 價格에 기초한 경쟁이 커다란 지장을 받게 되고 소비자들은 왜곡된 정보로 인해서 각자의 구매활동에 막대한 去來費用(transaction costs)[7]을 치러야 하는 경제적 비효율성이 초래될 것이기 때문이다.

2. 不正競爭行爲의 유형

기술과 시장의 변화에 따라서 발생한 분쟁에 있어서 문제된 '營業上의 利益'이 보호할 만한 가치가 있는 것인지 여부의 판단은, 경제학적으로는 그 보호에 의해서 자원의 효율적인 배분이 가능해지는지 또는 사회 전체적으로 생산의 효율성이 높아지는지 여부에

5) J.A.K. Huntley and Frank H. Stephen, Unfair Competition, Consumer Deception, and Brand Copying: An Economic Perspective, 15 Int'l Rev. L. & Econ. 443 (1995), p.448.

6) 우리 不正競爭防止法 제2조 제2호가 특허법에 따른 등록을 받지 않아서 보호될 수 없는 영업비밀의 도용을 부정경쟁행위라고 본 것이 그 대표적인 입법 선례가 될 수 있다. 日本의 不正競爭防止法 제2조 제10호 및 제11호가 영상이나 音 또는 프로그램의 이용을 억제하기 위한 기술적 제한수단(technical measures)을 우회하는 장치를 제공하는 행위를 부정경쟁행위의 하나로 열거해서 규정한 것도 저작권법 등에 의해서 보호되지 못하는 무체재산의 도용을 불공정한 경쟁행위의 하나로 보아서 규제하는 입법례의 하나이다.

7) 거래비용이라고 함은 일정한 법률행위를 함에 있어서 필요한 정보의 수집, 상대방과의 협상, 수집이나 협상을 위한 교통과 통신 등에 소요되는 비용을 의미한다.

관한 시각에 따라서 달라질 것이다. 법학적인 수식어로 바꿔 말하자면, 피해자의 '영업상 이익'의 보호 여부는 '公正한 競爭秩序'를 위해서 잠재적 가해자에게 일정한 주의의무를 부과할 것인지 아니면 '競爭의 自由'를 더 중시할 것인가에 관한 판단에 따라서 달라질 것이다. 영업상 이익의 보호 價値라거나 공정한 競爭秩序에 관한 법률적인 판단은 관련법의 해석의 문제이기도 하고, 궁극적으로는 不法行爲法에서 요구되는 違法性의 外延을 확인하는 작업이기도 하다. 민법의 불법행위 관련 규정은 침해금지 등과 같은 만족적 구제를 해주지 못한다는 커다란 한계가 있기 때문에, 부정경쟁행위를 포괄적으로 규제할 수 있는 규정을 부정경쟁방지법이나 독점규제법에 둘 필요가 있다.

독점규제법은 불공정거래행위를 포괄적으로 규제할 수 있는 법적 근거는 마련해주고 있지만, 그 집행을 담당한 공정거래위원회는 인적, 물적 한계로 말미암아 통상 시장지배적 지위 남용 또는 부당한 공동행위 등과 같이 경쟁저해성이 심각한 행위에 전념할 수밖에 없고, 실제 거래에 있어 사업자에게 직접적으로 위협이 될 수 있는 불공정거래행위의 규제에 관하여는 신속하고 효율적인 규제를 하기 어려운 실정이다. 또한, 불공정거래행위인지 여부는 사적 자치가 지배하는 개개 상거래분야에서의 관행과 공정거래저해성 기타 제반사정을 종합해야 하므로 실제 조사에 착수하더라도 판정하기가 쉽지 않다. 특히 독점규제법은 私的인 禁止請求權을 인정하고 있지 않으므로, 불공정거래행위로 인한 손해를 입은 사업자로서는 법위반 신고를 하더라도 신고인의 지위에 불과하기 때문에 그 신고에 대한 거부처분이 있더라도 이의를 제기하거나 불복할 수 없다는 점에서, 불공정거래행위의 효율적인 규제에 가장 적합한 지위에 있는 경쟁사업자들에게는 구제수단이 주어져 있지 못한 형편이다. 따라서, 독점규제법 제23조 제1항, 제24조, 제24조의

2의 규정에 따른 불공정거래행위의 규제는 그대로 유지하여 공정한 거래 및 경쟁질서를 저해하는 행위에 관하여는 공정거래위원회가 기존과 같이 불공정거래행위의 중지 등의 시정조치 및 과징금 부과를 할 수 있도록 하되, 부정경쟁행위를 포괄적이고 효율적으로 규제하고 그에 대한 만족적인 피해구제를 해주기 위해서 부정경쟁방지법에 부정경쟁행위를 포괄적으로 금지하는 규정을 둘 필요가 있다.

다른 한편, 현행 부정경쟁방지법 규정 가운데 출처표시의 혼동가능성을 초래하는 부정경쟁행위는 상표법에 흡수통합된다고 전제하면 그러한 규정은 부정경쟁방지법으로부터 삭제될 필요가 있다.

3. 過失責任主義의 수정

민법상 불법행위의 성립에는 가해자의 故意 또는 過失이 요구되는데, 부정경쟁행위의 경우에는 가해자의 고의나 과실을 입증하는 것이 불필요하거나 입증하기 어렵다는 특징이 있다. 예컨대, 경쟁행위 또는 영업행위는 고도로 계산되고 치밀하게 준비된 행위이기 때문에, 완전한 무의식 상태에서 행한 행위가 아니고 그 위법성에 대한 인식의 결여를 이유로 책임을 면할 수 없는 한,[8] 언제나 악의 내지 고의가 있는 것이라고 볼 수 있는가? 아니면 경쟁의 결과는 예측하기 어렵고 다양한 변수에 의해서 손해 또는 이익을

8) 그러나 위법성은 객관적 귀책요건으로 해석되고 있고 위법성의 인식은 '고의'의 성립요건에 해당되지 않는다고 해석되고 있기 때문에 위법성의 인식의 결여를 이유로 책임을 면할 수는 없다: 대법원 2002.7.12. 선고 2001다46440 판결.

볼 수 있는 것이기 때문에, 부정경쟁행위의 결과 즉 경쟁업자의 고객이나 잠재적 거래관계가 가해자에게 옮겨온 결과를 인식하지 못했다거나 그 인식 결여에 아무런 과실이 없다고 볼 수 있는가?

전통적으로 불법행위의 주관적 성립요건으로서의 '고의' 또는 '과실'이라고 함은 자기의 행위에 의하여 일정한 결과가 발생한다는 것을 認識하고 있거나 인식해야 함에도 불구하고 不注意로 인식하지 못하고 그 행위를 하는 심리상태를 말한다. 따라서, 가해자가 불법행위의 결과를 인식하지 못했다는 항변을 하게 되면, 그러한 인식결여가 부주의로 인한 것인지 다시 말해서 주의의무의 위반이 있었는지의 여부에 논의가 집중된다. 우리 판례에 의하면, 주의의무의 위반여부를 판단하는 데 필요한 기준으로서의 '注意'의 정도는 가해자 개인의 사정에 좌우되는 것이 아니라 관련 직업과 직무에 종사하는 사람으로서 보통 누구나 기울일 수 있는 정도의 주의를 기준으로 한다.[9)]

이와 같이 불법행위가 과실로 인한 것인지 여부는 가해자가 주의의무를 위반했는지 여부에 의해서 좌우되고 주의의무의 내용과 기준은 관련 직업에 따라 다르다면, 경쟁관계에 있는 개인이나 기업은 어떠한 주의의무를 가지는가? 개인이나 기업은 창의와 혁신을 토대로 자유롭게 영리를 추구하면서도 타인이나 타기업의 무체재산을 도용하거나 비방하거나 소비자를 기망하지 않고 상도덕이나 관습에 위반되는 행위를 하지 않도록 주의를 기울여야 할 의무를 가진다고 말할 수 있을 것이다. 이러한 주의의무의 내용과 기준은 違法性의 판단기준과 아주 유사하거나 때로는 중복되기도 한다.[10)] 기술과 시장의 변화에 따른 분쟁의 해결에서와 같이 바람

9) 대법원 1967.7.18. 선고 66다1938 판결; 1979.12.26. 선고 79다1843 판결.

10) 대법원은 증권회사 및 그 임직원에게 고객을 보호하고 그 손실을 최소화해야 할 보호의무 내지 주의의무가 있다고 전제하고 그러한 의무를 위반

직한 행위규범의 모색이 선결과제인 경우에는 더욱 그러하다.[11] 따라서, 부정경쟁행위가 과실로 인한 것인지 여부에 관한 법원의 판단은 결국 문제된 경쟁행위에 대한 법적 평가 내지 가치판단에 해당되고, 법원은 그러한 판단을 통해서 具體的 規範을 발견하고 관련 업계에서 지켜야 할 공정한 질서의 구체적 내용 또는 행위규범을 제시하는 法政策的 機能을 수행하게 된다.[12]

과실의 존부에 관한 판단이 관련 업계에서의 구체적인 주의의무가 무엇인지에 크게 좌우되기 때문에, 著作權法을 비롯한 상당수의 법률에서 관련 당사자의 구체적인 주의의무의 내용을 상세히 규정하게 된다.[13] 또한, 주의의무의 구체적인 내용이 관련 업계에서 지켜야 할 적법한 행위의 기준과 일치하는 한도에서, 가해자가 완전한 무의식의 상태에 있는 예외적인 경우가 아닌 한, 고의 또는 과실의 요건은 그 의미가 반감되기 때문에 獨占規制法에서와 같이 가해자에게 무과실책임을 부과하거나 電氣通信事業法에서와 같

하는 행위는 위법하고 과실요건을 충족시킨다거나 (대법원 2003.1.10. 선고 2000다50312 판결), 의사에게 설명의무가 있다고 전제하면서 그러한 설명의무를 위반하여 행한 의료행위로 환자에게 손해를 가하는 것은 위법하고 과실에 의한 행위에 해당된다고 판시한 바 있다 (대법원 1992.4.14. 선고 91다36710 판결).

11) 경쟁업자로부터 고객이나 잠재적 거래관계를 빼앗아 오는 것은 일상적인 경쟁의 한 측면이고 가장 효율적인 영업의 일부이기 때문에 무엇이 부정경쟁행위라고 하는 위법행위에 해당되는가에 관한 판단과 과실의 존부에 관한 판단이 괴리되는 것은 불합리하다: Harvey S. Perlman, Op. cit., at 465.

12) 양창수, 전게논문, 392면 및 권순일, 不法行爲法上 注意義務의 基準, 法曹 46권3호(486호) (1997.3), 74면. 이러한 맥락에서 過失責任主義의 근거는, 국내 통설에서 설명하는 바와 같이, 피해자의 적절한 보상이나 공평의 요구에 기한 것이라기보다는, 사고억제에 효율적이거나 사고방지비용의 최소화를 달성할 수 있기 때문이라고 보는 것이 더 합리적이다: 김건식, "불법행위법과 법경제학—과실책임원칙을 중심으로," 民事判例研究 15卷 (1993.5), 419-420면.

13) 著作權法 제77조 및 제77조의2.

이 고의과실에 관한 입증책임을 가해자에게 부과하는 경우도 있다.[14] 이러한 의미에서 피해자가 가해자의 고의 또는 과실로 인한 불법행위를 입증한 경우에 한해서 구제를 해준다고 하는 전통적인 의미의 과실책임주의는 부정경쟁행위의 규제에 있어서 수정되고 있다고 말할 수 있다. 마찬가지로, 부정경쟁행위의 규제를 위한 향후 입법에 있어서도 과실책임주의의 수정이 적극적으로 검토될 필요가 있다.

4. 損害額의 算定

민법상 불법행위의 성립에는 위법행위로 인하여 손해가 발생했다고 하는 위법행위와 손해와의 因果關係가 요구되는데, 부정경쟁행위의 경우에는 그로 인한 손해와의 인과관계를 입증하기 곤란한 경우 또는 조금 더 정확히 말하자면 인과관계를 가진 손해의 범위를 명확히 밝혀내는 것이 지극히 어려운 경우가 많다는 특징이 있다. 부정경쟁행위로부터 발생한 손해는 대부분 그로 인한 고객이나 거래관계의 상실로 인한 손해인데, 역동적이고 상호의존적인 시장구조하에서 고객이나 거래관계의 상실이 경쟁업자의 부정경쟁행위로 발생한 것인지 아니면 시장 자체의 변화라거나 자신의 가격정책의 변화 또는 소비자의 소비성향[15]의 변화로 인해서 발생한 것인지 밝혀낸다는 것은 지극히 어려운 일이기 때문이다.

부정경쟁행위와 손해와의 인과관계 또는 그러한 인과관계가

14) 獨占規制法 제56조 및 電氣通信事業法 제38조

15) 소비자 자신도 구체적인 구매 동기를 모르고 있거나 무관심한 경우가 많기 때문에 더욱 소비성향에 관한 입증이 어렵다: Harvey S. Perlman, op. cit, p.464.

있는 손해의 범위를 명확히 입증하는 것이 어렵다는 것은, 손해배상의 청구를 함에 있어서 손해액의 산정 또는 입증이 어렵다는 것을 의미한다. 따라서, 그러한 어려움을 고려해서, 부정경쟁행위의 규제를 위한 법률에는 손해액의 산정에 관한 규정을 두는 경우가 있다. 예컨대, 현행 부정경쟁방지법은 가해자가 부정경쟁행위로 인해서 얻은 이익액을 피해자의 손해액으로 추정하고, 가해자의 판매수량을 토대로 해서 가해자의 이익액을 산정하는 방법과 기타의 손해액 입증방법을 규정하고 있다.[16] 그러나, 손해액의 추정이나 입증에 관한 법률규정도 피해자에게는 손해배상청구를 용이하게 해주고, 가해자에게는 자신의 이익액의 상당부분이 가해행위와 인과관계가 없다는 점을 입증할 책임을 부과하는 것일 뿐이고, 인과관계 자체의 입증의 어려움을 궁극적으로 해결해주지는 못한다. 가해자의 이익액을 피해자의 손해액으로 보는 것은 오직 경쟁관계에 있는 두개의 기업만이 동일한 시장에서 영업을 하고 있는 경우에 타당한 산정방식이다. 동일한 시장에서 3개 이상의 기업이 동일 또는 유사한 상품이나 서비스를 판매하거나 제공하고 있는 대부분의 경우에는, 가해자의 상품이나 서비스를 구매하던 소비자들이 부정경쟁행위가 없었다면 모두 피해자의 상품이나 서비스를 구매했을 것이라고 단정할 수도 없고, 가해자와 피해자의 상품이나 서비스와 대체 또는 보완관계에 있는 상품이나 서비스가 있거나 서로 다른 가격탄력성을 가지고 상이한 가격에 판매되고 있었다면 가해자의 판매량이 모두 피해자의 판매량이라고 단정할 수 없다.[17] 자동차 사고에서와 같이 자동차의 수리비와 중고자동차의 가격에 관한 객관적인 정보가 충분한 경우에는 당사자들이 모두

16) 不正競爭防止法 제14조의2.

17) State Industries, Inc. v. Mor-Flo Industries, Inc., 883 F.2d 1573 (Fed. Cir. 1989).

납득할 수 있는 손해액의 산정이 용이하겠지만, 부정경쟁행위로 인한 손해와 같이 다수의 경쟁사업자들이 동일 또는 유사한 상품이나 서비스를 수많은 소비자들에게 판매하고 있는 경우 특히 기술의 발전에 따라서 빠른 속도로 바뀌고 있는 역동적이고 상호의존적인 시장에서의 손해액의 산정은 경제학적인 방법을 활용한 시장분석이 전제되어야 실질에 부합하는 손해액의 산정이 가능할 것이다. 따라서, 부정경쟁행위의 규제를 위한 입법에서는 실효성 있는 피해구제를 위해서 손해액 입증에 관한 책임을 완화해주기 위한 규정이 적극적으로 검토될 필요가 있다.

5. 禁止請求權

不正競爭行爲의 규제를 통해서 보호하고자 하는 법익이 그 성질상 위법행위 자체의 금지에 의해서 비로소 실효성 있는 보호가 가능하고 위법행위가 계속·반복될 위험성이 있어서 그 금지의 필요성이 있는 경우에는, 피해자에게 손해배상청구권 이외에 금지청구권이 부여되어야 한다. 인격권의 침해에 대한 금지청구권이 실정법의 근거없이 판례에 의해서 인정되는 것과 마찬가지로, 일반적으로 불법행위의 피해자에게 금지청구권을 인정하는 것이 해석론상 가능하다고 생각되지만, 그러한 해석이 현행 민법이나 민사소송법의 해석상 무리한 것이라면, 부정경쟁행위의 효율적 규제를 위한 보완적 입법에 있어서 공정거래위원회 등의 시정조치에 의존할 필요없이 피해자가 독자적으로 부정경쟁행위의 금지를 법원에 청구할 수 있도록 할 필요가 있다. 다만, 기술과 시장의 변화에 따른 부정경쟁행위의 규제는 민법상 소유권의 방해제거청구와는 다른 여러 가지 특징을 가지고 있기 때문에, 부정경쟁행위의 규제를 위한 입법에서는 다음과 같은 점을 특별히 고려해야 할 것이다.

첫째, 소유권의 침해에 대한 방해제거청구는 물건에 대한 배타적 지배를 가능하게 하는 절대권의 속성상 그 배타적 지배를 회복하는 데 필요한 가해자의 부작위를 청구하는 데 그치지만, 부정경쟁행위에 대한 금지청구는 품질이나 가격에 기초한 공정한 경쟁을 방해하는 것을 실효성있게 규제하기 위한 것이기 때문에 가해자의 不作爲뿐만 아니라 필요한 경우에는 일정한 作爲도 청구할 수 있어야 한다. 기술혁신을 향한 공정한 경쟁을 확보하기 위해서 기업의 경영의도와 관계없이 일정한 작위의무를 부과할 수 있도록 한 입법례로는 전기통신사업법이 금지된 부정경쟁행위를 한 기업에 대해서 조직의 분리 등의 작위의무를 부과할 수 있도록 한 규정을 들 수 있다.[18] 물론, 행정부 또는 그 산하 조직이 기업에 대해서 일정한 작위를 명하는 것과 피해자의 청구에 의해서 법원이 작위를 명하는 것을 동일시할 수는 없겠지만, 법원에서의 전반적인 소송의 非訟化 경향과 비송사건에 관한 경험의 축적을 고려해보면,[19] 피해자의 신청에 의하여 법원이 작위의무를 부과하지 못할 이유도 없다. 경쟁업자에 대해서 일정한 작위를 청구하고 법원이 그러한 작위를 명령하는 것이 개인이나 기업의 재산권이라고 하는 헌법상 기본권의 본질적 내용을 침해하거나 경제상의 자유와 창의를 존중하는 헌법상 경제질서에 반한다는 주장도 제기될 수 있으나,[20] 부정경쟁행위의 위법성이 명백하고 보호법익의 성질상

18) 電氣通信事業法 제37조.

19) 가처분소송에서 피보전권리에 관한 판단뿐만 아니라 민사소송법이 준용되는 파산 및 화의절차는 목적지향적이고 장래분쟁의 예방을 목적으로 하는 비송사건화한 대표적 예이다.

20) 「定期刊行物의 登錄 등에 관한 法律」 제16조에 규정된 정정보도청구권도 기업에 대해서 일종의 作爲義務를 부과하는 규정인데, 그 규정은 인격권의 보호에 근거를 둔 규정으로서 언론의 자유의 본질적 내용을 침해하는 헌

그 효율적인 구제를 위해서 필요하다면 제한된 범위 내의 작위를 명하는 것은 헌법에도 합치된다. 요컨대, 부정경쟁행위의 규제 자체가 위법성에 관한 판단의 어려움을 수반하는 것이지만, 그 판단에 있어서 상충되는 법익으로서 경쟁의 자유나 표현의 자유와의 비교형량이 전제된다면, 그 효율적인 구제수단으로서 부작위뿐만 아니라 제한된 범위의 작위를 청구하는 금지청구권이 인정될 필요가 있다.

둘째, 소유권에 기한 방해제거청구는 소유권의 침해가 있다고 판단되면 법원이 반드시 받아들여야 하지만,[21] 부정경쟁행위에 대한 금지청구는 상충하는 이익과의 비교형량을 거친 후에 법원이 신중히 판단해야 할 문제이다. 우선, 부정경쟁행위의 위법성을 판단함에 있어서부터 법원은 피해자의 무체재산이나 피해자의 노력과 자본의 투입에 의해서 형성된 명성과 신용의 보호필요성과 경쟁업자의 경쟁의 자유 또는 표현의 자유의 보호필요성 그리고 소비자에게 미치는 영향 등을 비교형량해야 한다.[22] 또한, 문제된 경

법위반에 해당되지 않는다고 결정된 바 있다: 헌법재판소 1991.9.16. 선고 89헌마165 결정.

21) 그러나, 대법원은 일정한 경우에 "慣習상의 法定地上權"이라는 개념 아래 토지소유권자의 방해배제청구권을 제한한 일련의 판결(대법원 1995.4.28 선고 94다61731 판결, 대법원 1991.9.24 선고 91다21701 판결)을 내린 바 있고, 이것은 소유권자의 묵시적 의사를 추정한 측면도 있지만 건물의 철거 등과 같은 방해배제청구의 결과 당사자들이 입게되는 손실과 이익 그리고 사회적 비용 내지 국가경제적 손실을 고려해볼 때 방해배제청구를 부인하고 오직 손해배상 내지 이용료청구만을 허용하는 것이 더 합리적이고 타당하다고 하는 판단에 입각한 것이다.

22) Hertel v. Switzerland, 59 Eur. Ct. H.R. (ser. B) (1998): A. Kamperman Sanders, Unfair Competition Law and the European Court of Human Rights the Case of Hertel v. Switzerland and Beyond, 10 Fordham Intell. Prop. Media & Ent. L.J. 305 (1999)에서 재인용. 국내 판례를 보면, 인격권의 침해여부를 판단함에 있어서도 인격적 이익과 표현의 자유라고 하는 두가지 법익의

쟁행위가 위법하다고 판단된 경우에는 언제나 법원이 피해자의 금지청구권을 받아들여야 하는지 아니면 법원이 손해배상청구와 금지청구의 요건상 차이를 둘 수 있는가 문제된다. 손해의 배상은 과거의 불법행위로 인한 손실의 회복인 데 반해서, 부정경쟁행위의 금지는 장래에 향해서 일정한 부작위(또는 작위)를 명하는 것이므로, 법원으로서는 손해배상 이외에 금지라고 하는 구제수단의 필요성으로부터 시작해서 금지로 인해서 가해자와 피해자 및 소비자에게 미치는 영향을 고려해서 그 허용여부를 합목적적으로 판단할 수 있어야 한다고 생각된다.[23] 예컨대, 특허권의 침해를 이유로 한 침해금지를 청구한 사안에서, 서울고등법원이 문제된 특허발명이 형식적으로는 유효하지만 실질적으로는 진보성의 결여로 인해서 무효임이 분명한 때에는 그 특허권에 기초한 금지청구가 權利濫用에 해당하여 허용되지 않는다고 하면서 청구를 기각한 바 있는데,[24] 이러한 판결은 배타적 권리의 형식논리에서 벗어나 특허권이 경쟁업자와 소비자에게 미치는 영향 및 특허법의 취지를 고려해서 침해금지청구를 기각한 사례의 하나로 볼 수도 있다.[25] 또한, 우리나라 현행법하에서 반드시 동일한 논리가 채택되기는 어렵지만, 미국연방대법원은 eBay, Inc. v. MercExchange, LLC[26] 사건

비교형량이 이루어져야 한다고 판시되고 있는데 (대법원 2003.1.24. 선고 2000다37647 판결; 대법원 1988.10.11. 선고 85다카29 판결), 경쟁행위의 위법성을 판단함에 있어서도 법익의 비교형량이 전제되어야 할 필요성은 마찬가지이다.

23) 침해금지의 허용여부와 손해배상은 그 요건을 달리할 수 있다는 취지의 논리로는, 이건웅, 言論에 의한 法益侵害에 대한 救濟手段, 裁判資料 77輯 (1997.6): 憲法問題와 裁判(下), 274면 참고.

24) 서울고등법원 2005.1.25. 선고 2003나8802.

25) 대법원 2004.10.28. 선고 2000다69194 판결은 금지청구권의 행사가 권리남용에 해당될 수 있다는 점을 방론에서 지적한 바 있다.

26) 126 S.Ct. 1837, 164 L.Ed.2d 641 (Supreme Court, 2006).

에서 특허권이 유효하더라도 그에 관한 침해금지청구가 당사자들에게 미치는 영향과 소비자후생 등 공익에 미치는 영향을 모두 고려해서 합목적성의 견지에서 융통성있게 판단되어야 한다고 판시한 바 있는데, 이는 법원의 침해금지명령(injunction)의 기본원리에 관해서 시사하는 바가 크다고 생각된다.

셋째, 소유권에는 존속기간이 없으므로 방해제거청구에도 아무런 기간의 제한이 없지만, 부정경쟁행위에 대한 금지청구는 그 실효성 있는 구제를 위해서 필요한 경우에만 허용되어야 할 뿐만 아니라 그 실효성 있는 구제에 필요한 기간에 한정해서 허용되어야 한다. 다시 말해서, 부정경쟁행위의 태양에 따라서 다르겠지만, 그 보호법익의 효율적인 구제에 필요한 기간을 넘어선 금지는 불필요한 경쟁제한의 위험이 있을 수 있고, 그러한 한도에서 법원은 금지의 기간을 한정할 수 있고 한정할 필요가 있다.[27)]

---

27) 예컨대, 영업비밀침해의 경우에 종업원의 직업선택의 자유와의 조화의 필요성이 있기 때문에, 상당한 기간내로 침해금지가 제한된다고 해석하는 것이 타당하다고 보는 미국 사례도 있고〔Winston Research Corp. v. Minnesota Mining & Mfg. Co., 350 F.2d 134(9th Cir. 1965)〕, 우리 대법원도 영업비밀 침해행위를 금지시키는 것은 침해행위자가 그러한 침해행위에 의하여 공정한 경쟁자보다 "유리한 출발(head start)" 내지 "시간절약(lead time)"을 할 수 있고, 그로 인한 우월한 위치에서 부당하게 이익을 취하지 못하도록 하고, 영업비밀 보유자로 하여금 그러한 침해가 배제된 본래의 위치로 되돌아갈 수 있게 하는 데에 그 목적이 있다 할 것이므로, 영업비밀 침해행위의 금지는 이러한 목적을 달성함에 필요한 시간적 범위 내에서 기술의 급속한 발달상황 및 변론에 나타난 침해행위자의 인적·물적 시설 등을 고려하여 침해행위자나 다른 공정한 경쟁자가 독자적인 개발이나 역공정(reverse engineering)과 같은 합법적인 방법에 의하여 그 영업비밀을 취득하는 데 필요한 상당한 기간 동안으로 제한하여야 하고, 영구적인 금지는 제재적인 성격을 가지게 될 뿐만 아니라 자유로운 경쟁을 조장하고 종업원들이 그들의 지식과 능력을 발휘할 수 있게 하려는 공공의 이익과 상치되어 허용될 수 없다고 판시한 바 있다: 대법원 2003.7.16.자 2002마4380 결정 및 대법원 1998.2.13. 선고 97다24528 판결.

찾아보기

【著者略歷】

丁 相 朝(Sang-Jo JONG)
소 속 : 서울대학교 법과대학
서울대학교 技術과法센터 http://www.clt.re.kr

<學 歷>

London School of Economics, Ph. D. (1988. 1～1991. 6.)
서울大學校 法科大學 法學士 (1978. 3.～1982. 2.)

<經 歷>

현재, 서울대학교 법과대학 교수 (1994. 3.～)
현재, 서울대학교 법학연구소 技術과法센터장 (2003. 1.～)
현재, 서울지방검찰청 컴퓨터수사 자문위원회 위원 (2000. 3. 15～)
현재, WIPO Arbitration and Mediation Center UDRP Panelist (2000. 5.～)
Visiting Professor teaching Korean law and comparative intellectual property, Georgetown Law Center (Jan. & Feb. 2007)
서울대학교 법과대학 "인터넷과 법률" 공개과정 주임교수 (2005. 1.～2005. 6.)
Visiting Professor teaching Korean intellectual property law, Duke Law School (Jan. & Feb. 2003)

<단행본>

컴퓨터와 법률 (전석진 변호사와 共著, 정보시대, 1995. 12.)
인터넷과 법률 (정상조 編, 현암사, 2000. 3.)
知的財産權法 (홍문사, 2004. 3.)
한글인터넷주소의 法과 經濟 (정상조, 김재형, 조정욱 공저, 서울대 技術과法센터, 2006)
Entertainment Law (정상조 편저, 박영사, 2007. 9.)
著作權法 주해 (정상조 편저, 박영사, 2007. 8.)

<논문>

不公正 競爭行爲의 規制: 技術과 市場의 變化에 따른 法的 對應, 서울대학교 법학 제45권 제3호 (2004. 9.), 162면 내지 211면 외 다수

不正競爭防止法 原論

2007 년 8 월 20 일 초판 인쇄
2007 년 8 월 25 일 초판 발행

저 자 정 상 조
발행인 이 방 원
발행처 세창출판사
서울 서대문구 냉천동 182 냉천빌딩 4층
전화 723-8660 팩스 720-4579
E-mail: sc1992@empal.com
homepage: www.sechangpub.co.kr
신고번호 제300-1990-63호

정가 18,000 원

ISBN 978-89-8411-212-4 93360